SIN ANSIEDAD CON SÉNECA

SIN ANSIEDAD CON SÉNECA

Reflexiones para tomarte la vida con calma estoica

JANA CAPRI
CHARAN DÍAZ

Filosofía estoica aplicada a la vida cotidiana

DIANA

Título original: *Stay calm with Seneca*

Diana es un sello editorial de Editorial Planeta, S. A.
Diagonal, 662-664, 08034 Barcelona (España)
www.dianaeditorial.com
www.planetadelibros.com

Primera edición: mayo de 2024
Depósito legal: B. 5.022-2024
ISBN: 978-84-1119-151-7
Maquetación: Realización Planeta
Impresión y encuadernación: Gómez Aparicio Grupo Gráfico

Impreso en España – *Printed in Spain*

PEFC Certificado
Este libro procede de bosques gestionados de forma sostenible
PEFC
PEFC/14-38-00305 www.pefc.es

Un mendrugo comido en paz es mejor que un banquete compartido con ansiedad.

Esopo

Sumario

Introducción

El ser humano tiene, sin duda alguna, un potencial espectacular. Ningún otro ser vivo de nuestro planeta ha conseguido pisar la Luna, escribir poesía o crear vacunas que salven millones de vidas. Pero hay una vida que no se puede salvar con ninguna vacuna ni con otro avance científico: nuestra vida interior.

Sufrimos tanto por la ansiedad hoy como hace dos mil años. En aquellos tiempos, los seres humanos ya nos preocupábamos por temas como agradar a los demás, las expectativas insatisfechas, los problemas con personas difíciles, el miedo a la muerte, las dificultades económicas, el paso del tiempo, el sentido de la vida o la confusión espiritual. Las preocupaciones que nos provocaba esa ansiedad tan humana eran similares a las que nos hacen sufrir hoy y, en esencia, son probablemente las mismas que nos harán padecer ansiedad en el futuro.

¿Cómo puede ayudarnos Séneca, nacido en Córdoba en el año 4 a. C. y contemporáneo de Jesús, con la ansiedad que experimentamos aquí y ahora?

Lucio Anneo Séneca, como buen filósofo estoico, buscó aliviar el sufrimiento mental humano consagrando toda su vida a una filosofía práctica que trata los grandes temas de la existencia humana. Y como nuestro mundo interior no ha cambiado mucho, la filosofía estoica de Séneca que era útil entonces para aliviar la ansiedad de dichas preocupaciones lo sigue siendo hoy en nuestro presente.

En psicoterapia, para desactivar la ansiedad insana es útil identificar las «creencias irracionales ocultas» en nuestro modo de ver algo y, a continuación, plantearnos una «versión mejorada» y más sana de estos pensamientos.

Pues bien, un esquema similar es el que seguiremos en la presente obra, con un formato o estilo de diálogo con preguntas y respuestas entre un buscador (de la verdad) y Séneca, donde el filósofo siempre mejora o amplía el punto de vista de la preocupación ansiosa, aliviándola y relativizando el problema con sus respuestas.

Todas las respuestas de Séneca están inspiradas en su obra *Cartas a Lucilio*. No siempre se trata de citas textuales, sino de su reformulación adaptada para mejorar su comprensión en la actualidad. En un formato de diálogo con su interlocutor, el sabio cobra vida ante el lector y es más fácil aprender de él, identificarse con la conversación y recordar su sabiduría en el futuro.

Te deseamos un feliz viaje psicológico-filosófico, donde sientas menos ansiedad en compañía de Séneca, y si como mínimo una sola de sus ideas te invita a obtener una mayor serenidad en algún momento de tu existencia, entonces el tiempo y atención dedicados a este libro habrán valido la pena.

Cómo utilizar este libro

Si has leído nuestro libro *Positividad sana con Marco Aurelio*, verás que hemos seguido un formato parecido.

A continuación explicamos las tres partes de que consta cada capítulo: 1) la pregunta o comentario de un/a buscador/a, 2) la respuesta de Séneca y 3) una reflexión psicológica.

Con «buscador» nos referimos a todas aquellas personas que se hacen preguntas sobre los misterios de la vida y quieren obtener respuestas basadas en esa sabiduría perenne de Séneca.

Las respuestas de Séneca están inspiradas en su obra *Cartas a Lucilio*, especialmente seleccionadas para tratar la ansiedad y adaptadas al lenguaje moderno para un mejor entendimiento.

La reflexión psicológica es una propuesta dirigida al lector que tiene la intención de hacer pensar sobre lo expuesto en el capítulo y la resolución a través de la reflexión del filósofo. Las propuestas no son cerradas, sino que se trata más bien de invitaciones para que el lector se plantee cuestiones que le lleven hasta lo más elevado de sí mismo. El lector no debe entender estas propuestas como interpretaciones definitivas de los mensajes, sino como preguntas que se puede plantear y que están relacionadas con el mensaje.

NUNCA PIERDES LO QUE ES TUYO

Pregunta/comentario de un buscador
Últimamente he sufrido muchas pérdidas.

¿Cómo puedo estar bien cuando todo lo que quiero lo pierdo?

Respuesta de Séneca (carta 9)
Nunca perderás lo que es realmente tuyo. Nadie puede quitártelo.

Pase lo que pase, todos mis bienes estarán siempre en mi interior: mis capacidades, mis valores y mi buen juicio.

Reflexión psicológica

Un proverbio oriental dice: «Solo posees aquello que no puedes perder en un naufragio». Si aplicamos este criterio, nuestra casa, el dinero, los padres o los hijos no nos pertenecen realmente. Son cosas temporales, ya que todo eso se puede perder.

Pero Séneca apunta a que nunca perderemos lo que está en nuestro interior y ahí es donde debemos cultivarnos. Nuestra fe, nuestros valores, cuidar nuestra salud mental, etc., eso nos pertenece y perdura en mayor medida. No hay nada ni nadie externo que nos lo pueda arrebatar sin nuestro consentimiento.

1. Pregunta o comentario sobre la vida.
2. Respuesta de Séneca para la ansiedad inspirada en su libro *Cartas a Lucilio*. La referencia a la carta correspondiente se encuentra entre paréntesis.
3. Inspiración psicológica para profundizar en el mensaje.

Te recomendamos que recurras a este libro siempre que:

- Estés atravesando un período difícil en tu vida.
- Quieras reducir tu nivel de ansiedad.
- Necesites más paz mental.
- Desees aliviar preocupaciones, estrés, etc.
- Busques inspiración.

Puedes escoger en el sumario el capítulo que más te inspire o abrir el libro al azar y ver qué mensaje aparece.

Los grandes sabios de la historia de la humanidad, como Séneca, Marco Aurelio, Sócrates, Epicteto o Buda, nos dan a entender que cultivar la actitud deseada no es cosa de días, meses o años, sino un trabajo para toda la vida.

A pesar de ello, siempre vale la pena hacerlo.

1

Concéntrate en el peligro real

Pregunta/comentario de un buscador
Cuando pienso en todas las cosas malas que me pueden suceder, me entra mucho miedo.

Respuesta de Séneca (carta 5)
Los animales tan solo se asustan y huyen ante un peligro presente y después se relajan.

¿Qué sentido tiene que tú sufras innecesariamente por el pasado o por el futuro si no respondes a un peligro real presente?

Reflexión psicológica
La ansiedad está muy relacionada con anticipar en nuestra imaginación la peor situación que pueda llegar a suceder. Imagina que a partir de ahora cada vez que tengas que tomar una decisión, tu mente se satura con pensamientos catastróficos. ¿Acaso podrías

estar tranquilo/a, seguir adelante y ser productivo/a? En ese sentido, es útil observar y aprender del estrés de los animales y estresarnos solo durante el tiempo en que nos enfrentemos a un peligro real presente. No vivimos en una selva peligrosa. Así que intentemos desconectar, disfrutar y relajarnos siempre que sea posible.

2

Una mente equilibrada

Pregunta/comentario de un buscador
Últimamente tengo tantas cosas en la cabeza que no puedo ni dormir. ¿Qué puedo hacer?

Respuesta de Séneca (carta 2)
Es señal de tener una mente equilibrada que puedas estar en calma contigo mismo en el lugar en el que te encuentres. No podrás sentirte bien donde estés si tu mente está en muchos sitios a la vez.

Reflexión psicológica
Parece que vivimos de un modo apresurado, como si todo fuera urgente. La sociedad actual parece exigirnos demasiado: trabajos con jornadas interminables, pareja, educar hijos, amistades, cuidar de los padres, ejercitar nuestro cuerpo, comer sano, gestionar problemas de todo tipo, etc. Y cada una de esas cosas

exige algo muy importante de nosotros/as: nuestro tiempo y atención mental. Estamos haciendo siempre malabares con nuestra energía, tiempo y atención repartidos en miles de cosas.

Las multitareas y la ansiedad parecen ser el pan nuestro de cada día, sobre todo en el ámbito laboral, donde cada vez se nos exige más. Debemos saber hacer todo tipo de tareas con rapidez y, además, hacer muchas cosas a la vez. A eso lo llaman ser «eficiente», pero también lo podemos llamar «exprimir la naranja hasta la última gota».

Por lo tanto, es completamente normal que, llegada la hora de descansar, no siempre sepamos cómo detener la rueda que hemos mantenido en marcha durante todo el día a toda velocidad.

¿Cómo es posible que sea tan difícil descansar cuando estamos tan cansados/as? ¿Será que no sabemos cómo desconectar porque hemos perdido el hábito de hacerlo?

La filosofía de Séneca te anima a simplificar tu vida, a priorizar, a encontrar tiempo para el ocio y la meditación. Te anima a sanear tu vida, tu tiempo y tu atención para que no vayas como un pollo sin cabeza al que la corriente empuja sin rumbo por la vida.

3

El precio de tus deseos

Pregunta/comentario de un buscador

Quiero llegar a tener una casa con piscina y jardín propio, un coche de lujo, y estoy dispuesto/a a trabajar todo lo que sea necesario para permitirme el estilo de vida que deseo.

Respuesta de Séneca (carta 42)

¿Cuál es el precio que realmente pagas por lo que deseas?

A menudo, las cosas de mayor valor son aquellas que no cuestan dinero. Te podría poner muchos ejemplos de cosas que, una vez compradas o adquiridas, te privan de tu libertad, cosas sin las cuales seríamos más libres.

Tanto cuando se trate de adquirir cosas como cuando se trate de pérdidas, piensa: «Se trataba de una cosa temporal». Esa cosa era ajena a ti y a tu existencia cuando llegó a tu vida y sin ella vivirás con la misma facilidad con la que ya vivías antes de poseerla.

Reflexión psicológica

¿A cambio de qué trabajas? Para ganarte el sueldo entregas tu tiempo, tu energía y tu atención. Ese es el precio que tú pagas para poder cobrar.

Y muchas veces sucede que para tener un mayor nivel adquisitivo y permitirte más cosas, tienes que inclinar la balanza e invertir aún más tiempo y energía.

Pero si inclinas la balanza demasiado, ¿qué sucederá?

¿Valdrá la pena? ¿Seguirás siendo una persona libre, o te volverás un/a esclavo/a de tus propios deseos?

Séneca nos dice que todo tiene un coste. Por lo tanto, es importante hacer bien los cálculos y decidir si vale la pena desgastarnos, perder nuestra energía, nuestro tiempo y nuestra vida a cambio de caprichos cuyo precio tal vez sea demasiado alto. O si, por otro lado, vale más la pena ser más austeros/as y modestos/as a cambio de mayor libertad y tranquilidad.

¿Cuál es el precio de tus deseos?

4

Nunca pierdes lo que es tuyo

Pregunta/comentario de un buscador
Últimamente he sufrido muchas pérdidas.

¿Cómo puedo estar bien cuando todo lo que quiero lo pierdo?

Respuesta de Séneca (carta 9)
Nunca perderás lo que es realmente tuyo. Nadie puede quitártelo.

Pase lo que pase, todos mis bienes estarán siempre en mi interior: mis capacidades, mis valores y mi buen juicio.

Reflexión psicológica
Un proverbio oriental dice: «Solo posees aquello que no puedes perder en un naufragio». Si aplicamos este criterio, nuestra casa, el dinero, los padres o los hijos no nos pertenecen realmente. Son cosas temporales, ya que todo eso se puede perder.

Pero Séneca apunta a que nunca perderemos lo que está en nuestro interior y ahí es donde debemos cultivarnos. Nuestra fe, nuestros valores, cuidar nuestra salud mental, etc., eso nos pertenece y perdura en mayor medida. No hay nada ni nadie externo que nos lo pueda arrebatar sin nuestro consentimiento.

5

La soledad

Pregunta/comentario de un buscador

No soporto la soledad, siempre necesito estar con gente a mi alrededor.

Respuesta de Séneca (carta 6)

Nunca estarás solo si eres tu propio amigo. Hecatón decía que progresó cuando empezó a ser un buen amigo de sí mismo. Y ese es el primer paso para poder ser un buen amigo de los demás.

Reflexión psicológica

¿Qué es la soledad? ¿Puede una esposa dormir junto a su marido, estar con sus hijos en casa, pero aun así sentirse sola? ¿Y puede alguien con fe estar perdido en un desierto sin nadie que le acompañe y no sentir soledad?

Séneca nos dice que no te sentirás solo/a si te tratas como a un amigo/a. El filósofo francés Jean-Paul Sartre llega a una conclusión parecida cuando dice: «Si te sientes solo cuando estás solo, estás en mala compañía».

Así que el punto de partida para sentir menos soledad y poder relacionarse mejor con los demás es saber tratarse bien a uno/a mismo/a, como un/a amigo/a trata a otro/a amigo/a.

Porque, si no te soportas a ti mismo/a, ¿cómo esperas que te soporten los demás?

6

¿A qué puerto te diriges?

Pregunta/comentario de un buscador

¿Qué hago con mi vida? ¿Qué es lo más importante? ¿Qué debería tener en cuenta para lograr una buena vida?

Respuesta de Séneca (carta 71)

Para saber qué es bueno evitar y qué es bueno desear, eleva tu mirada, recuerda el objetivo principal de toda tu vida. Solo podrá tener una vida ordenada quien tenga sus acciones alineadas con el propósito más elevado de su existencia.

Ningún pintor conseguirá un buen retrato si no tiene antes claro lo que quiere pintar, aunque tenga a mano todos los colores necesarios. Nuestro error está en no reflexionar acerca del propósito final de nuestra vida, tan solo nos preocupamos por ciertos momentos de ella.

Para quien no sepa a qué puerto se dirige, ningún viento será favorable.

Reflexión psicológica

Vemos el árbol, pero perdemos de vista el bosque. Nos estresamos y nos preocupamos a veces en exceso por algunos árboles que no nos gustan, por cosas o episodios de la vida que son temporales.

Pero la vida no es un árbol, es un bosque. Es un conjunto complejo cuyo sentido se dibujará conectando muchos puntos o distintas etapas existenciales.

Ampliemos nuestra mirada, reflexionemos acerca de cuál es el propósito de la vida humana en general y de la nuestra en particular. Como nos dice Séneca, para llegar a cualquier sitio, antes debemos saber a dónde nos dirigimos.

¿Cuál es el principal propósito de tu vida? Tal vez sea aprender a amar, aprender a vivir, autorrealizarte, ser feliz, percibir a Dios o alcanzar la más absoluta serenidad.

¿Crees que te ayudará recordar qué «sentido en conjunto» tiene tu vida para ordenar tu mente la próxima vez que estés preocupado/a por un tema puntual?

7

No te fijes en el pedestal

Pregunta/comentario de un buscador

Me causa ansiedad compararme con gente que ha tenido éxito, que no tiene que preocuparse por el dinero, que es famosa...

Respuesta de Séneca (carta 76)

De todas las personas ricas, poderosas y famosas, ninguna tiene por qué ser una «gran persona».

¿Por qué te parecen tan grandes e importantes entonces? Porque solo te fijas en su pedestal. Pero un enano en la cima de una montaña sigue siendo enano, y un gigante en el fondo de un abismo sigue siendo gigante.

De ese modo, cometemos el error de valorar a la gente por su apariencia, estatus y posesiones materiales, sin ver quién es realmente esa persona.

Para descubrir quién es realmente una persona amplía tu mirada, imagínala desnuda sin sus posesiones materiales, sin su estatus y sin el resto de las ilusiones engañosas de la fortuna. Olvídate incluso de su cuerpo: observa su alma y sus inclinaciones.

Reflexión psicológica

En plena era de las redes sociales sufrimos cada vez más ansiedad por compararnos con aquellos/as que pretenden tener una vida perfecta, una pareja perfecta, unas vacaciones perfectas. En el fondo, sabemos que bajo las apariencias hay mucho más «maquillaje» que «belleza natural». Pero a veces nos olvidamos de todo eso.

En la época de Séneca no existían ni filtros para fotos ni redes sociales, pero sí que había personas que aparentaban ser más de lo que eran en realidad y otros que sufrían cuando se comparaban con ellas.

Si quieres evaluar a una persona correctamente, imagínala en un naufragio, donde lo ha perdido todo y se encuentra sin posesiones ni cargos, sin ningún estatus ni poder. ¿Serían agradables su personalidad, su compañía y su trato? ¿Cómo lucharía para lograr sus objetivos y satisfacer sus necesidades? ¿Sería alguien superficial o una persona profunda y bondadosa? ¿Qué tipo de persona sería en realidad?

Cuando dejes de fijarte en el «pedestal», obtendrás una idea más realista de los demás y eso te ayudará a tener una mejor imagen de ti mismo/a.

8

Cómo llevar mejor la enfermedad

Pregunta/comentario de un buscador
Me da miedo enfermar.

Respuesta de Séneca (carta 78)
Existen tres motivos de sufrimiento en la enfermedad: el miedo a la muerte, el dolor del cuerpo y dejar de experimentar placeres.

1. Lo que nos asusta realmente de la muerte es cómo funciona la vida. De todas maneras, morirás porque morir forma parte de la vida (y no porque hayas enfermado). Cuando evitas la enfermedad, tu salud mejora. Pero, de todos modos, eso no te libra de la muerte.
2. El dolor del cuerpo tiene un límite y cuando sufrimos también hay intervalos sin dolor. La naturaleza ha facilitado que solo se pueda ex-

perimentar un dolor breve o tolerable hasta dicho límite.

3. Y respecto a renunciar a ciertos placeres en la enfermedad, aunque cueste al inicio, cuando lleves un tiempo en esa rutina cada vez los desearás menos y llegarás a un punto en que ya ni los necesites.

Reflexión psicológica

La enfermedad forma parte de la vida y escapa a nuestro control. Pero podemos controlar la ansiedad que sentimos cuando pensamos en ella.

La propuesta de Séneca es ver la enfermedad desde un punto de vista que alivie el miedo que sentimos hacia esa enfermedad. Si aprendemos a percibirla con menos drama, sufriremos menos y ganaremos serenidad.

Así como los fármacos alivian el dolor físico, del mismo modo existen ejercicios psicológicos relacionados con el control de la atención mental que también ayudan a regular el dolor físico y emocional (buscar «hipnosis clínica y dolor», o «mindfulness y dolor»).

¿Cómo te ayuda la reflexión de Séneca a controlar tu miedo a enfermar? ¿Qué podrías pensar para tomártelo con más filosofía?

9

Actúa como un gladiador

Pregunta/comentario de un buscador
Siempre trato de estar bien preparado/a para todo, pero cuando alguna vez no lo consigo y me pilla algo por sorpresa me pongo muy nervioso/a.

Respuesta de Séneca (carta 22)
Un antiguo proverbio dice: «Es en la arena donde el gladiador decide cómo luchar».

Hasta que el gladiador no tenga delante al adversario, observe su rostro, cómo se mueve, etc., no podrá escoger la estrategia más efectiva para triunfar.

Nadie puede prepararse al cien por cien para una situación sin estar en ella. Es en la acción de la situación real donde verás mejor lo que necesitas.

Reflexión psicológica

Séneca nos dice que a veces hay que «lanzarse a la piscina» para aprender a nadar sobre la marcha. Este mensaje es especialmente útil para la gente que piensa demasiado antes de actuar. La metáfora del gladiador, en la que solo en la acción de la lucha este identifica los recursos más eficaces que necesita para vencer, ilustra que, en ocasiones, comprendemos una situación solo cuando decidimos dar un paso adelante.

Si te preocupa estar en una situación sin preparación previa suficiente, recuerda esta metáfora del gladiador de Séneca para calmar y proteger tu mente del inútil estrés anticipatorio.

También ayuda tomarte las cosas en dosis que puedas manejar para normalizar la situación y ver que no es tan grave como parece, que tienes más recursos de los que crees.

10

La persona serena

Pregunta/comentario de un buscador
¿Qué cualidades tiene una persona serena?

Respuesta de Séneca (carta 76)
La persona madura acepta la voluntad divina, sin frustrarse por los problemas inesperados ni lamentarse de su propia suerte. Acepta con paciencia lo que la vida le ofrece y se adapta a ello.

Si nuestro foco no está en nuestros valores y madurez interior, seremos débiles y sufriremos con los cambios de suerte en la vida.

Reflexión psicológica
«Si quieres hacer reír a Dios, cuéntale tus planes», nos dice un refrán judío.

No conocemos el futuro y, en ocasiones, la vida nos lleva a un punto donde nuestros planes se tuercen. El mundo entero fue testigo en el año 2020 de cómo los planes y expectativas de todos tuvieron que replantearse con la aparición de la pandemia del COVID-19. Es un ejemplo radical de la necesidad humana de ser mentalmente capaces de adaptarnos y de conservar la serenidad y nuestros valores ante situaciones inesperadas y desesperadas.

Si queremos ganar en serenidad, según Séneca, debemos primero aceptar que nosotros/as no lo controlamos todo. Podemos llamarlo destino, voluntad divina o azar, pero hay algo superior a nuestro control que maneja los hilos y que nos exige continuamente aceptación, humildad y capacidad de adaptación para seguir adelante sin perder la cabeza ni descorazonarnos.

11

Quítale la máscara

Pregunta/comentario de un buscador
Últimamente pienso que mi vida está llena de desgracias.

Respuesta de Séneca (carta 24)
Intenta ver la situación de un modo más objetivo.

Así como los niños cuando ven a sus seres queridos con una máscara se asustan mucho, del mismo modo el niño interior de los adultos se aterroriza cuando en su imaginación no logra «desenmascarar» la realidad y no consigue separar el drama de lo real.

Reflexión psicológica
Imaginemos que una persona sufre algunas experiencias desagradables y empieza a pensar siempre mal de sí misma, de los demás y del mundo. Es como si se pusiera unas gafas con un filtro negro y viera todo lo

que la rodea de un color demasiado oscuro. Podría llegar a pensar que esta existencia es un infierno y sentirse perdida al no ver con suficiente luz y claridad lo bueno que la rodea.

¿Qué sucede con esa persona? Sucede que no ve la realidad tal y como es debido al color de su propio filtro.

Séneca nos propone desenmascarar la realidad y ganar objetividad. La vida no es una tragedia, quizá es más una tragicomedia. También existen en la vida belleza, bondad, esperanza. Si no ves algo bueno, no quiere decir que no exista. Quizá solo necesitas cambiar de gafas y mirar de nuevo.

12

¿En qué manos está tu felicidad?

Pregunta/comentario de un buscador

Aunque me esfuerce mucho, nunca consigo que los demás estén satisfechos conmigo y lo llevo muy mal.

Respuesta de Séneca (carta 23)

No pongas tu felicidad en manos de los demás.

El que busca sentirse bien solo con cosas materiales o externas a sí mismo siempre se queda insatisfecho. Si quieres ser feliz, busca en tu interior para sentirte siempre satisfecho.

Reflexión psicológica

Hay gente que no está satisfecha ni consigo misma.

¿Cómo van a estar satisfechos contigo?

Además, a veces nos tomamos las cosas de una manera personal, olvidándonos de que no todo tiene que ver con nosotros/as. Si, por ejemplo, un compañero de trabajo no quiere colaborar contigo en una tarea, puede que simplemente tenga un mal día y que su actitud no tenga nada que ver contigo ni con tu manera de trabajar.

Poner tu felicidad en manos de los demás es una buena receta para deprimirte, ya que dependerás de muchas cosas que tú no controlas.

Recuerda la última vez que alguien se enfadó contigo y luego descubriste que aquella persona se enfadó con más gente o que, simplemente, su enfado no tenía nada que ver contigo. ¿Cómo te sentiste? ¿Qué aprendiste de esa experiencia?

13

Esto también pasará

Pregunta/comentario de un buscador

Cuando me deprimo por algo tardo mucho en recuperarme, no soy de esas personas que se lo toman todo con filosofía y miran hacia delante.

Respuesta de Séneca (carta 78)

Tus quejas tan solo aumentan la gravedad y el peso de tus problemas: el dolor siempre será menor si no le añades preocupaciones. Mejor anímate a ti mismo diciendo: «No es nada o es poca cosa; aguanta, que esto también pasará». Al creer que se trata de algo leve, se vuelve menos duro.

Reflexión psicológica

¿Cómo puedes amargarte la vida? Puedes quejarte de todo, lamentarte, pensar en lo mal que estás, compararte mucho con los demás, ser muy crítico/a contigo mismo/a. Seguramente se te ocurrirían más ideas aún.

Cuando vivimos en un estado mental donde el pensamiento negativo predomina la mayor parte del tiempo es muy fácil sufrir y resulta difícil sentirse bien.

Por lo tanto, cuando atravesamos un momento difícil en la vida es mejor aprender a no juzgarlo demasiado para no llenar nuestra mente de pensamientos desagradables.

Séneca nos recomienda quitarle «drama» a la situación, enfocarnos en la solución y alimentar nuestra mente con pensamientos amables para conservar la calma.

14

Reconoce tu debilidad

Pregunta/comentario de un buscador
Reconozco que soy muy nervioso/a.

Respuesta de Séneca (carta 6)
El primer paso para mejorar es que te des cuenta de lo que te pasa. A algunos enfermos se les felicita cuando aceptan su enfermedad. Ahora tocará encontrar un remedio.

Reflexión psicológica
A muchas personas les cuesta reconocer alguna debilidad al pensar así: «Si reconozco mi vulnerabilidad será humillante, tengo que mostrarme siempre fuerte y estar siempre bien para que me quieran».

Pero ocultar los problemas psicológicos suele provocar el efecto «bola de nieve», haciendo que estos crezcan todavía más y empeoren por no reconocerlos a tiempo.

Séneca te recuerda que ya has dado el paso más importante cuando reconoces lo que te pasa. Dice que merece ser felicitado aquel que sea lo suficientemente fuerte como para aceptar la propia vulnerabilidad. Solo al reconocerlo podremos avanzar y evolucionar.

15

Los cambios en la vida

Pregunta/comentario de un buscador
No me gustan nada los cambios. Me preocupa pensar que las cosas buenas de mi vida podrían cambiar algún día.

Respuesta de Séneca (carta 65)
El cambio siempre está presente, cuando se crea y se destruye algo, en el arte y en toda transformación en esta vida.

Reflexión psicológica
El cambio es una de las pocas cosas de las que podemos tener total certeza en esta vida.

¿Qué sentido tiene sufrir por miedo a los cambios, si van a suceder de todos modos? Es más útil intentar centrarnos siempre en aquello que nos beneficia de cada cambio.

Además, los cambios no siempre son malos. Como dice Maya Angelou, nos deleitamos con la belleza de la mariposa, pero rara vez admitimos los cambios que ha sufrido para lograr esa belleza.

16

Juega tus cartas

Pregunta/comentario de un buscador
¿Puede ayudarnos la fe (en Dios) a tomarnos la vida con mayor calma y serenidad?

Respuesta de Séneca (carta 65)
Todo procede de Dios. Dios lo dirige y lo impregna todo y todas las cosas bailan a su son. Podemos afirmar que Dios es superior a todo lo demás.

Y del mismo modo que Dios está en el mundo, en el interior del ser humano se encuentra el alma. Seamos pues fuertes ante el azar, ya que sabemos que lo inferior (las cosas, las circunstancias) está al servicio de lo superior, al servicio de Dios, y no nos descorazonemos por las ofensas, las cadenas, las heridas o las necesidades.

Reflexión psicológica

Séneca nos recuerda que existe un orden superior en la naturaleza que está más allá de nuestro control. La fe en Dios es un recurso para calmar la mayoría de los temores y preocupaciones. Quien tiene dicha fe ve todo lo que sucede como la «voluntad divina» y los problemas se convierten en desafíos o pruebas que uno debe afrontar con inteligencia, valores y esperanza.

Una cuestión psicológica que surge es: ¿acaso tiene sentido sufrir demasiado por lo que nos sucede, si cada situación que nos presenta la vida depende de la voluntad divina o del azar cósmico? ¿No es más útil pensar que la vida reparte las cartas y que nosotros/as tan solo podemos jugarlas del mejor modo posible?

Creer que podemos controlarlo todo es una ilusión que genera mucha ansiedad y estrés. No podemos controlar qué nos sucede, pero siempre podemos gestionar la manera en que respondemos.

Revisa una situación que te angustia actualmente.

¿Tiene sentido que sufras por las cartas que te repartió el destino si las juegas de la mejor manera posible?

17

El fuego del amor

Pregunta/comentario de un buscador
¿Cómo puedo desenamorarme? Lo estoy pasando muy mal en el amor.

Respuesta de Séneca (carta 69)
Si alguien quiere desenamorarse, debe evitar todo recuerdo de la persona amada porque el fuego del amor puede avivarse fácilmente. Del mismo modo, quien elija desapegarse de las cosas que encienden sus deseos debe evitar exponer sus ojos o sus oídos a las cosas que quiere dejar atrás.

Reflexión psicológica
Séneca recomienda la «no exposición» a nada que le recuerde a uno a la persona de la que desea alejarse. Eso significa evitar la exposición externa (hablar con los demás sobre esa persona, mirar sus fotos, pasar

tiempo en sus redes sociales, etc.) y evitar también la exposición interna (recordar voluntariamente momentos pasados con esa persona, etc.). Se trata de no seguir echándole leña al fuego para que se extinga por inanición.

Siempre que dejamos de alimentar el recuerdo de una persona o apego que queremos dejar atrás es más fácil seguir adelante y pasar página. Parece algo sencillo, pero la mayoría de la gente sufre por hacer todo lo contrario.

¿Recuerdas alguna experiencia de tu pasado en la que superaste con éxito una relación frustrada? ¿Dejaste de exponerte a esa persona y a sus recuerdos? ¿O cómo lo lograste?

18

La naturaleza es justa

Pregunta/comentario de un buscador
La sociedad es dura y vivir en ella cada vez resulta más difícil.

Respuesta de Séneca (carta 90)
La naturaleza no es tan injusta como para hacerles la vida fácil a los animales y complicársela más al ser humano.

La naturaleza no nos exige vivir con tanta complejidad y adornos materiales. Ya tenemos a nuestro alcance todo lo que necesitamos, pero no nos satisface lo sencillo y entonces nos complicamos la vida innecesariamente.

Reflexión psicológica
Muchos filósofos, místicos y psicólogos comparten que el ser humano tiende a amargarse la vida a sí mis-

mo, hace difícil lo que es sencillo y, a continuación, le cuesta salir del laberinto en que se ha metido.

Un mejor modo de vivir es posible. Nos encontramos en una sociedad materialista en la que para ser razonablemente felices necesitamos aprender a controlar, como mínimo, dos cosas: nuestra mente y nuestra economía. Con frecuencia se piensa demasiado en el dinero y en lo que se puede lograr con él, pero suele dejarse de lado el control de la mente y el cuidado de la salud mental. Quien se sienta bien en su interior será más capaz de simplificar su vida y de apreciar todo lo bueno que le rodea, esté donde esté.

19

Una vida plena

Pregunta/comentario de un buscador
¿Cómo puedo sentirme bien en una vida llena de trabajo y obligaciones que no me deja tiempo para mí y las cosas que me gustan?

Respuesta de Séneca (cartas 61, 62)
La vida ya dispone de todo lo necesario, pero nosotros siempre estamos ansiosos buscando más y más de lo necesario. Sentimos que nos falta algo y siempre sentiremos eso, ya que experimentar una vida plena y satisfactoria no depende del paso de los años ni de los días, sino de la actitud del alma.

Mucha gente finge estar demasiado ocupada como para dedicarse a la filosofía, con muchas tareas innecesarias que ellos mismos añaden a sus vidas continuamente. Pero yo elijo dedicar tiempo a mi ocio esté donde esté para ser siempre fiel a mí mismo. No dejo que las cosas ni las ocupaciones se apoderen de mí, sino que participo ocasionalmente en ellas. No busco excusas para perder el tiempo, sino que, esté donde esté, hago una pausa y medito sobre algo saludable.

Reflexión psicológica

Hoy en día permanecemos en un estado de continua saturación mental, en el que es especialmente importante establecer prioridades y encontrar un equilibrio entre el deber y el ocio para no desgastarnos, «quemarnos» y amargarnos la vida.

Séneca nos dice que la vida ya nos ofrece todo lo necesario, pero somos nosotros/as quienes nos complicamos y nos proponemos objetivos innecesarios que nos estresan. Es como si construyéramos montañas que luego tendremos que escalar y que nos agotan.

¿Cómo puedes encontrar un mejor equilibrio entre tus obligaciones y tu tiempo libre? ¿Hay algún objetivo o sueño que te cause demasiada ansiedad y al que podrías renunciar para mejorar tu calidad de vida?

20

La libertad

Pregunta/comentario de un buscador

¿Qué es la libertad? ¿Qué puedo hacer para sentirme más libre?

Respuesta de Séneca (carta 51)

¿Me preguntas qué es la libertad? Que no seas un esclavo de nada, de ninguna necesidad, ni dependas de la suerte. Concéntrate solo en ser una buena persona y considera que eso es la fortuna. El día en que yo no dependa de la suerte, esta perderá su influencia sobre mí.

Reflexión psicológica

Un motivo de miedo y ansiedad es la incertidumbre. No la aceptamos. No podemos estar bien del todo sin tener información suficiente acerca de lo que sucederá y de cómo podremos controlarlo. Y cuando pensamos que el azar nos traerá alguna desgracia, podemos sufrir y sentirnos muy indefensos/as.

Pero si tenemos más paz interior, entonces ya no importa tanto si llueve o si sale el sol porque estaremos razonablemente bien, pase lo que pase.

Seremos más independientes y libres con respecto a los cambios externos si gestionamos nuestro mundo interior con ayuda de una filosofía práctica (la meditación, la oración, los recursos psicológicos, etc.).

21

Lo único que importa

Pregunta/comentario de un buscador

No tengo éxito en la vida, no soy nada atractivo/a ni rico/a. En definitiva, no soy una persona con suerte.

Respuesta de Séneca (carta 76)

Para valorar lo bueno que es un barco, no analizamos lo bonitos que son sus colores ni si está construido en oro y plata. Tampoco analizamos si está cargado de riquezas, sino que miramos si es sólido, estable, impermeable, resistente a los golpes y al oleaje del mar, si es manejable, veloz y resistente al viento.

Del mismo modo, en el caso del ser humano tampoco analices a cuánta gente le gusta alguien, ni lo cara que es la cama en la que duerme, ni el valor de las copas en las que bebe. Lo único que importa es si es una buena persona. Una persona es buena cuando razona con madurez y valores. Esa es nuestra naturaleza: la virtud humana.

Reflexión psicológica

Séneca comparte su criterio para evaluar a la gente. Como buen estoico, se centra en lo más importante: saber si alguien es una buena persona. ¿De qué nos sirve fijarnos en la cáscara de una nuez si lo que importa es solo la nuez?

Para Séneca una persona es buena en la medida en que vive con valores humanos, es razonable y lo suficientemente flexible como para afrontar lo que el destino le presenta.

El valor de alguien no tiene nada que ver con el dinero o con el éxito material, sino con la estabilidad interior y la manera de afrontar los problemas.

Y tú, ¿qué criterio utilizas para valorarte? ¿Qué parte de ti sería la cáscara, lo exterior y cambiante? ¿Y qué parte es el fruto, lo interior y estable?

22

Espera siempre lo mejor

Pregunta/comentario de un buscador
¿Cómo puedo afrontar la incertidumbre sin perder los nervios?

Respuesta de Séneca (carta 88)
Del mismo modo que sé que todo podría llegar a suceder, igualmente sé que no todo tendría por qué llegar a ocurrir. Por eso espero lo mejor, pero estoy preparado para lo peor.

Reflexión psicológica
La persona que actúa de un modo optimista disfruta más, identifica más oportunidades y está motivada para seguir viviendo y creando. Pero no por ello debería uno ser ingenuo, también es inteligente prever situaciones y estar preparados/as. Para conseguir más calma es necesario equilibrar el optimismo y la preparación.

En la famosa fábula de la hormiga y la cigarra, la hormiga trabajó estoicamente en primavera y verano (época de disfrute de la cigarra) y, de ese modo, consiguió su alimento y estuvo preparada para el duro invierno. Su compañera la cigarra, que se pasó todo el verano cantando y disfrutando sin prepararse, sufrió cuando llegó el invierno porque no tenía alimentos en su despensa.

23

Somos como lámparas

Pregunta/comentario de un buscador
Me atormenta pensar que después de la muerte sufriré algún malestar. Me preocupa no saber qué puede pasar.

Respuesta de Séneca (carta 54)
La muerte es dejar de existir en este plano. Pero, tras nuestra existencia, todo seguirá igual que antes de ella.

Si hubiese algo desagradable tras la muerte, deberías haber experimentado eso mismo en el estado previo a tu nacimiento. Pero en aquel momento no experimentaste ningún malestar.

¿Acaso no es absurdo pensar que una lámpara apagada es peor que antes de haber sido encendida? Del mismo modo, nosotros nos apagamos y nos encendemos. Y en el tiempo intermedio (que es nuestra vida) sufrimos un poco, pero es imposible experimentar malestar antes o después.

Reflexión psicológica

Según Séneca, no debemos preocuparnos por nuestro malestar tras la muerte, ya que es en la vida donde sufrimos y donde podemos gestionar nuestro interior.

Nos dice el filósofo: si no recuerdas haber sufrido ningún malestar antes de nacer, entonces tampoco te preocupes por sufrirlo después de fallecer.

Según algunos filósofos místicos, la muerte es una experiencia en la que la luz se apaga en un lugar y luego se enciende en otro distinto. ¿Acaso no sufrirá más quien piense tan solo en el malestar en lugar de ver una transformación natural?

Cuando una persona tiene algún tipo de fe positiva o preparación mental, también suele afrontar con mayor serenidad la muerte.

24

No hagas del vicio una costumbre

Pregunta/comentario de un buscador

¿Qué tienen de malo los placeres? A mí me ayudan a llevar mejor el día a día.

Respuesta de Séneca (carta 39)

De entrada, muchas personas disfrutan de ciertos placeres. Pero luego se acostumbran hasta que ya no saben vivir sin ellos. En ese estado estás triste y sufres porque empiezas a creer que necesitas cosas superficiales que antes te resultaban innecesarias.

El colmo de la infelicidad es vivir con el corazón puesto en cosas ridículas, innecesarias y superficiales.

Si conviertes el vicio en una costumbre, luego ya será demasiado tarde para remediarlo.

Reflexión psicológica

Muchos placeres son inicialmente caprichos, pero nos enganchamos a ellos. Por ejemplo, el joven que prueba por primera vez el tabaco y luego se hace fumador. O mirar el móvil por aburrimiento y luego descubrir que lo miras ocho horas al día.

Muchos de los placeres humanos que no responden a necesidades básicas, como comer y beber, deben ser dosificados con equilibrio para evitar que se transformen en adicciones, ansiedad y un sentimiento de vacío interior.

Cuando nos mantenemos ocupados/as con actividades interesantes y humanizadoras, podemos evitar perseguir placeres que no necesitamos realmente para sentirnos bien.

25

No confundas las prioridades

Pregunta/comentario de un buscador

Primero debo ocuparme de mi familia, mi trabajo y mis metas. Y cuando esté jubilado/a y tenga más tiempo libre, ya podré dedicarme a temas como la filosofía, el sentido de la vida, la espiritualidad, etc. Pero ahora mis prioridades son otras.

Respuesta de Séneca (carta 17)

No te dejes engañar por pensamientos como «antes debo lograr eso», «aún no soy rico», o «cuando consiga aquello, entonces me dedicaré a la filosofía y a dar profundidad a mi vida». No confundas las prioridades.

Dedícate siempre a lo más importante con independencia de tus circunstancias. El sabio sabe adaptarse a lo que hay. La filosofía te ayuda a sentirte libre y a no temer a nada ni a nadie.

Reflexión psicológica

No construyas la casa por el tejado. Pon en tu existencia lo importante primero y el resto ya lo irás colocando.

Nuestra ansiedad se alivia al poner orden en nuestros valores y prioridades y al practicar acciones sistemáticas que nos conduzcan a una vida con alma.

Nunca será el momento perfecto y nunca tendrás tiempo de sobra. El momento de vivir bien es ahora, no mañana.

Si sufres por tener tu felicidad «desordenada», ¿qué acciones puedes llevar a cabo hoy para vivir más alineado/a con las áreas más significativas de tu vida?

26

Aceptar con serenidad

Pregunta/comentario de un buscador

A veces, para conseguir algo, tengo que forzar las cosas. Se trata de un esfuerzo constante. Luego me quedo con la duda de si ha valido la pena.

Respuesta de Séneca (carta 54)

El sabio no hace nada de mala gana, sino que acepta con serenidad lo que la vida le propone.

Reflexión psicológica

«No empujes el río, porque fluye solo», dice una cita popular. Esta metáfora nos recuerda que hay situaciones en las que es mejor dejar que las cosas sigan su curso.

En demasiadas ocasiones tratamos de hacer que la realidad se ajuste a nuestros planes y deseos, como una pieza de un rompecabezas que debe encajar a la perfección. Cuando vemos que las piezas no encajan, nos sentimos impotentes, y eso nos puede llevar a la depresión, la ansiedad y el agotamiento.

Para vivir con mayor madurez es necesario aceptar que la realidad no va a cambiar por nosotros/as. Somos nosotros/as quienes tenemos que adaptarnos y fluir con la vida, haciendo uso de nuestras capacidades y apreciando las oportunidades que se nos presenten para vivir con mayor calma y serenidad.

27

Saber decir «no»

Pregunta/comentario de un buscador

A veces me dejo llevar por los demás porque me cuesta decirles «no». Pero eso me crea problemas.

¿Qué opinas de eso?

Respuesta de Séneca (carta 37)

En ocasiones nos buscamos nuestra propia suerte por no tomar decisiones y dejarnos llevar. Luego, en medio de la tormenta, nos preguntamos sorprendidos: ¿cómo he llegado yo a esta situación?

Reflexión psicológica

Las personas que siempre se adaptan a los demás suelen ser amigables y poco conflictivas, pero también pueden volverse inseguras y dependientes.

Séneca nos recuerda que es importante no dejarnos llevar ciegamente, sino reflexionar antes. Si los demás nos llevan por un mal camino y nosotros/as se lo permitimos, la responsabilidad será nuestra.

Si eres de las personas a las que les cuesta decir «no», rechazar la propuesta de alguien te puede parecer al principio muy violento. Pero, después de cierto tiempo, la gente se acostumbrará y te apreciará por tener tu propio criterio, por tener personalidad y confianza en ti mismo/a.

¿Cuándo fue la última vez que dijiste «no» a alguien?

¿Cómo te sentiste después? ¿Crees que fuiste coherente contigo mismo/a?

28

Nunca pierdes si aprendes

Pregunta/comentario de un buscador

He invertido mucho tiempo en algo que al final no ha salido bien. ¿Qué me aconsejas para no agobiarme?

Respuesta de Séneca (carta 7)

Ni el tiempo ni el esfuerzo se han perdido si has aprendido algo.

Reflexión psicológica

Para el problema del «tiempo perdido», Séneca amplía la mirada: si aprendes algo, siempre ganas.

¿Sería perder el tiempo si esa experiencia te ayuda a madurar, a ser más humilde y a reconocer que el mundo no gira a tu alrededor? ¿Y si una situación o problema te lleva a recuperar la fe a pesar de todo lo que te sucede, sería eso perder o ganar? ¿Acaso es perder el tiempo aprender una lección existencial?

La vida es infinitamente más amplia de lo que vemos cuando nos sentimos mal y eso puede ser esperanzador. A veces tenemos la suerte de que nos sucedan cosas que en un principio no deseábamos, pero que luego nos llevan a un destino mejor de lo que habríamos imaginado nunca.

29

La profundidad de vida

Pregunta/comentario de un buscador
Estoy muy ocupado/a, no tengo tiempo para filosofar ni para cosas así.

Respuesta de Séneca (carta 72)
Debes encontrar siempre tiempo para la filosofía. Y debes aplazar todo lo demás para priorizar lo importante en tu vida. Nunca invertirá demasiado tiempo aquel que se dedica a algo bueno, ni siquiera si la duración de la tarea se extendiera desde su infancia hasta el final de su vida.

Es necesario evitar alargar el tiempo dedicado a las tareas superficiales.

Reflexión psicológica
Según el psicoterapeuta Ramón Rosal, la «profundidad de vida» consiste en una actitud humanizadora.

Es decir, vivir de una manera auténtica y personal que te ayude a conocerte mejor.

¿Te haces de vez en cuando algunas preguntas filosóficas? Veamos algunos ejemplos de Rosal:

¿Qué elementos de mi vida dependen del «destino» y cuáles dependen de que mis decisiones hayan sido acertadas o equivocadas?

¿Qué es para mí importante y qué no lo es?

¿Cuál es la misión principal del ser humano a lo largo de su existencia?

¿Cuáles son las experiencias y aspiraciones que me hacen sentir que mi vida merece la pena?

Séneca nos invita a revisar nuestra «profundidad de vida» de vez en cuando, para no actuar como robots sin alma.

30

No seas un esclavo de tu cuerpo

Pregunta/comentario de un buscador
Le doy mucha importancia al cuerpo. No salgo de casa sin arreglarme, cuido mi dieta y hago mucho deporte, pero aun así no me veo bien y eso me incomoda mucho.

Respuesta de Séneca (carta 14)
Es natural que cuidemos de nuestro cuerpo para estar sanos. Eso está bien.

Pero no deberíamos volvernos esclavos de nuestro físico. Si le das tanta importancia al cuerpo, serás un esclavo de todas las cosas relacionadas con él y eso te hará sufrir. No debemos vivir por el cuerpo, sino tener presente que solo es una parte de nosotros.

Reflexión psicológica
Si te identificas tanto con una forma física determinada de tu cuerpo, ¿cómo podrás estar tranquilo/a cuando algún día ya no puedas mantener más esa forma, aspecto o funcionalidad? Darle demasiada importancia al cuerpo es una receta infalible para acabar con ansiedad, frustración y baja autoestima.

Una actitud madura hacia tu cuerpo incluye aceptar que envejecerá con el tiempo y cambiará, y que eso es normal y natural.

Séneca nos anima a mantener un equilibrio sano: cuidar de nuestro cuerpo, pero sin obsesionarnos con él.

31

La vida es como una obra de teatro

Pregunta/comentario de un buscador
Me estresa mucho pensar que no estoy viviendo bien mi vida y no saber cuánto tiempo me queda.

Respuesta de Séneca (carta 77)
La vida es como una obra teatral. No se trata tanto de lo que dura la obra, sino de lo bien que representas el papel que te ha tocado interpretar. Y no importa tanto en qué momento se acaba, sino que cuando llegue el momento también actúes bien en ese final.

Reflexión psicológica
El filósofo no busca cantidad, sino calidad. Sabe que uno no puede elegir todo en la vida (ni los años que vive ni las situaciones que atravesará). Pero sí depende de uno aprovechar y apreciar el tiempo que le ha tocado de vida.

Depende de nosotros/as vivir hoy de la mejor manera posible, vivir un día con corazón y una vida con alma para tener al final una conciencia tranquila.

¿Qué puedes hacer hoy para tener la conciencia tranquila al irte a dormir?

32

Cómo hacer las cosas más fáciles

Pregunta/comentario de un buscador

Hay muchas cosas que no aguanto. Y me vuelvo insoportable cuando no está todo a mi gusto.

Respuesta de Séneca (carta 91)

Imagina que la Madre Naturaleza habla y te dice: «Las cosas de las que te quejas son las mismas para todo el mundo. No puedo hacerlas más fáciles para nadie. Pero, eso sí, cada uno se las hará a sí mismo tan fáciles como elija».

¿Cómo? Con serenidad en su interior.

Reflexión psicológica

Algo similar a Séneca expresa el cuento del rey que quería forrar toda la tierra de cuero para no sufrir con las piedras del camino (en aquella época iban descalzos). Pero la solución que le ofreció el más sabio del reino fue que mejor forrase de cuero sus propios pies (inventó los zapatos) para estar siempre bien.

En el ámbito de la psicología suele decirse que lo importante para el bienestar mental no es tanto lo que nos sucede, sino cómo pensamos y cómo respondemos a eso que sucede. Podemos aprender a tomarnos las cosas con más filosofía, paciencia y optimismo. Y, si mejoramos nuestro clima interior, se volverá todo más soportable.

¿Qué hábito o actividad puedes iniciar desde hoy mismo que te ayude a ganar serenidad interior para que todo te resulte más fácil y llevadero?

33

Las cosas materiales

Pregunta/comentario de un buscador
¿Cómo puedo dar menos importancia a las cosas materiales para que no me afecten tanto?

Respuesta de Séneca (carta 74)
Cuando las cosas lleguen a ti, no dejes que te enganchen emocionalmente. De ese modo, si en algún momento la vida las separa de ti, no sufrirás ningún desgarro.

Utiliza las cosas sin que afecten a tu ego, como si fuesen préstamos que tienes que cuidar durante cierto tiempo y que, en algún momento, tendrás que dejar atrás.

Reflexión psicológica
Erich Fromm dice: «Si soy lo que tengo, ¿quién soy cuando pierdo lo que tengo?».

Séneca aconseja que nos limitemos a la utilidad y necesidad de las cosas, más allá de nuestra vanidad y de nuestra presunción. Que no demos por sentado lo que tenemos hoy, sino que lo utilicemos como si en breve fuera a dejar de pertenecernos.

Dando menos importancia a las posesiones estaremos menos «poseídos/as» por ellas y nos sentiremos más libres y tranquilos/as.

34

Lo que realmente necesitas

Pregunta/comentario de un buscador
Me da miedo acabar en la pobreza.

Respuesta de Séneca (carta 25)
Toda la riqueza que necesitamos está a nuestro alcance. Lo que realmente necesitamos es gratuito o muy asequible: nuestra naturaleza tan solo requiere de pan y agua. Quien logre adaptar sus deseos a lo que necesita para sobrevivir podrá competir en felicidad incluso con Júpiter.

Reflexión psicológica
Si tienes salud, alimento, abrigo para el frío y un techo bajo el que dormir, puedes sentirte afortunado/a y estar en paz. Para Séneca y muchos filósofos, el resto son adornos y caprichos.

Ejemplos como Buda, Diógenes o san Francisco

de Asís demuestran que una existencia austera y sencilla también puede ser grande, profunda y digna.

Según la mayoría de los sabios de todas las culturas y épocas, la buena vida depende más de la riqueza de nuestro mundo interior que de la riqueza de nuestra cuenta corriente.

35

La comparación con los demás

Pregunta/comentario de un buscador

Cuando veo a gente que ha conseguido cosas maravillosas en la vida me siento un fracaso.

Respuesta de Séneca (carta 15)

No te compares con los que tienen más que tú o los que son mejores que tú en algo. Compárate con los que están peor que tú, así estarás más agradecido con Dios y con la vida.

Y al final, ¿qué ganas comparándote con los demás? Mejor compárate contigo mismo y con tu propia evolución.

Reflexión psicológica

La comparación es un motivo frecuente de ansiedad, depresión y autoexigencias tóxicas.

No sabes qué precio pagaron aquellas personas

que crees que han conseguido cosas maravillosas. Puede que hayan sufrido mucho, que hayan tenido que afrontar muchas pérdidas y tal vez tú no estarías dispuesto/a a pasar por lo mismo.

Por lo tanto, para sentirte bien no te compares con los demás. O si no puedes evitarlo, mejor recuerda a quienes están peor que tú, como el que lloraba porque no tenía zapatos hasta que vio a uno que no tenía pies.

La solución del filósofo: si quieres sentirte bien, date cuenta de lo afortunado/a que eres y agradécelo. Recuerda los regalos que ya te ha hecho la vida, por pequeños que sean. Recuerda tus logros, tus avances y los momentos en que la vida te sonrió.

36

Utiliza bien tu imaginación

Pregunta/comentario de un buscador

¿Y si todo sale mal? ¿Y si pierdo mi trabajo y no consigo otro tan bueno? ¿Y si nadie me quiere y muero en soledad? ¿Y si...?

Respuesta de Séneca (carta 13)

La mayoría de las veces tenemos miedo de cosas que nos imaginamos, pero que nunca ocurrirán en realidad.

¿Cómo podrías utilizar mejor tu imaginación?

Reflexión psicológica

El pensamiento «y si...» es un monstruo terrible que asusta y amenaza cada día a millones de personas. En psicoterapia se hacen ejercicios que ayudan a reemplazar los pensamientos repetitivos «y si...» por pensamientos más útiles y relajantes.

Séneca propone utilizar mejor tu mente: si tienes mucha imaginación, cosa que ya has demostrado al usarla para preocuparte, ¿por qué no la utilizas mejor para animarte?

37

Tus expectativas

Pregunta/comentario de un buscador
Yo esperaba haber conseguido más a mi edad. ¿Me exijo demasiado?

Respuesta de Séneca (carta 5)
Tenemos miedo de no conseguir lo que esperamos obtener. Ajusta tus expectativas y vivirás mejor.

Reflexión psicológica
La mente nunca está satisfecha, siempre se estresa por sus deseos. Cuando tienes una bici, quieres una moto y luego un coche. Luego quieres un barco, luego un avión privado y luego una aerolínea entera...

¿Crees que es imposible ser feliz si no logras tus sueños? ¿Piensas que la vida sería insoportable si no sucede lo que tú esperabas?

Según Séneca, siendo menos caprichoso/a y más humilde, tendrás menos problemas y más calma.

38

No dejes que te pisoteen

Pregunta/comentario de un buscador
Intento ser amable con los demás, pero siento que luego se aprovechan de mí. ¿Cómo puedo llevarlo mejor?

Respuesta de Séneca (carta 14)
La sabiduría nos enseña a buscar el equilibrio: no pisotees a los demás y tampoco dejes que te pisoteen. Tómatelo con filosofía.

Reflexión psicológica
Es imposible que la gente sea siempre amable con nosotros/as. No podemos controlar cómo nos tratan los demás, pero sí podemos manejar cómo les respondemos.

Séneca nos aconseja no permitir a los demás que nos falten al respeto o pisoteen nuestra dignidad. Una relación sana se basa en el respeto mutuo, algo que depende de ambas partes.

Si alguien no te respeta y puedes evitar esa relación, ¿por qué sigues ahí enganchado/a? Y si no puedes evitarlo o no hay remedio, enfócate más en cómo actúas tú y no te tomes a la otra persona y su falta de educación demasiado en serio.

39

Aclárate primero

Pregunta/comentario de un buscador

No encuentro pareja. He tenido varias relaciones cortas. Al principio va todo bien, pero al cabo de poco tiempo me aburro y me empiezo a fijar en todo lo que no me gusta de mi pareja. Me da pánico pensar que al final me quedaré solo/a.

Respuesta de Séneca (carta 20)

Las personas no saben lo que quieren. Nuestro juicio y nuestras prioridades cambian de un día para otro y, en ocasiones, deseamos después de un tiempo lo contrario de lo que habíamos deseado en un inicio. Aclárate primero, entiende qué es lo que buscas y no cambies más de opinión ni de rumbo.

Reflexión psicológica

¿Cómo puedes hacer una buena elección en el amor?

¿Qué es lo más importante en una pareja? Mucha gente no sabe en qué fijarse a la hora de elegir pareja y luego creen que tienen mala suerte.

Séneca comenta que, para elegir bien, primero debemos identificar y entender bien qué buscamos. Siguiendo con el ejemplo de la pareja podríamos preguntarnos: ¿es buena persona? ¿Le considero una buena amistad? ¿Le quiero? ¿Es inteligente comprometerse a largo plazo con alguien como él o ella? ¿Le importa mi bienestar?

Cuando ya sabemos lo que queremos, será más fácil la búsqueda y hacer diana. Y si elegimos mal a alguien, seguramente habremos aprendido algo para hacer una mejor elección en el futuro.

Estos apuntes del filósofo podemos aplicarlos a la mayoría de las decisiones que nos angustian.

40

La buena influencia

Pregunta/comentario de un buscador

¿Cómo sabré quién será un buen maestro/a, alguien a quien admirar, una buena influencia para mí?

Respuesta de Séneca (carta 41)

Cuando observes a una persona imperturbable ante los peligros, que no se deje llevar por los instintos más básicos, que se enfrente bien a la adversidad, que se mantenga serena en la tempestad, un alma elevada, ¿acaso no encontrarás eso admirable?

Alguien así de elevado no podría serlo sin una espiritualidad desarrollada. Del mismo modo que los rayos del sol tocan la Tierra, pero pertenecen a su origen, el alma elevada está entre nosotros para que nos acerquemos a lo Divino.

Aunque hable con nosotros, nunca olvida su origen: está atenta a Él, a Él dirige continuamente su mirada, esa es su tendencia y, de ese modo, interviene en nuestra vida como un ser que brilla con luz propia.

Reflexión psicológica

Séneca habla de la capacidad trascendental, la capacidad espiritual del ser humano como fuente de sabiduría y calma interior. Nos recuerda que algunas personas en el mundo son excepcionales en el nivel de desarrollo de la conciencia y pueden enseñarnos a vivir mejor con su ejemplo. Se trata de gente cuyo propósito de vida está más ligado a la espiritualidad que a lo mundano y a lo material.

41

Soportar las adversidades

Pregunta/comentario de un buscador
Tengo miedo de enfermar y sufrir. ¿Cómo puedo inspirarme para llevarlo mejor si me pasa?

Respuesta de Séneca (carta 67)
No estoy tan mal de la cabeza como para querer estar enfermo, pero si es inevitable que lo esté, en ese caso mi aspiración será no mostrar debilidad de espíritu. No deseo las adversidades, sino la virtud para soportarlas.

Reflexión psicológica
La propuesta estoica: en vez de lamentarnos, culpar a la mala suerte y volvernos emocionalmente dependientes del dolor, tomamos las riendas de la situación y decidimos, en la medida de lo posible, mantener una actitud de calma, fortaleza y dignidad.

Carl Gustav Jung dice que aquello a lo que te resistes, persiste. Lo que niegas te somete y lo que aceptas te transforma.

¿Cómo pueden ayudarte con tu miedo al dolor los consejos de Séneca y Jung?

¿Qué significa para ti responder con calma y valentía a una situación que te preocupa?

42

Hacer planes de vida

Pregunta/comentario de un buscador

Tengo muchos planes y proyectos para mi vida, pero lo paso muy mal cuando algo no sale como había previsto.

Respuesta de Séneca (carta 101)

¡Qué locura hacer planes para una larga vida si ni siquiera sabes lo que pasará mañana!

Confía en mí cuando te digo que vivimos en la incertidumbre, incluso aquellas personas que parecen tener más suerte. Nadie puede asegurar nada de su futuro, ya que lo que creemos poseer hoy se nos escapa de las manos. Incluso esta misma hora que creemos tener asegurada también depende del azar.

Reflexión psicológica

Dependemos mucho más del azar de lo que pensamos. Vivimos en una ilusión de control que nos hace sentir seguros/as, pero que no deja de ser una ilusión. Todo lo que te rodea puede cambiar y tus planes pueden no cumplirse nunca. Cuanto más conscientes seamos de esta verdad, más fácil será afrontar los cambios y fracasos en la vida.

Aunque Séneca diga que no sabemos lo que sucederá mañana, planificar no siempre es malo. Al contrario, a veces es inteligente y necesario. Pero si mantenemos una actitud flexible, sabiendo que no todo está en nuestras manos, estaremos más preparados/as ante los imprevistos y tendremos más calma.

¿Cuándo fue la última vez que algo no salió según tus planes? ¿Qué aprendiste de esa experiencia?

43

No es más que transformación

Pregunta/comentario de un buscador
Me da pánico la muerte.

Respuesta de Séneca (cartas 26, 36, 69)
Solo nos morimos el día que nos corresponde.

El filósofo medita sobre la muerte para aprender a ser más libre. Reflexiona sobre la muerte para no tener el alma de un esclavo del mundo, sino de alguien libre, capaz de ver más allá del poder de lo material y del tiempo.

El amor a la vida no se debe rechazar, pero debemos ser realistas y estar preparados para cuando llegue nuestra hora.

Además, la muerte es transformación. En este mundo nada se extingue, sino que va y viene continuamente. El verano se va y vuelve tras la primavera, el sol se va y vuelve tras la noche, los planetas se van y vuelven al completar sus tránsitos.

Reflexión psicológica

Séneca nos tranquiliza con la idea de que la muerte es inevitable, dando a entender que el destino ya ha fijado nuestro último día. Nos encontramos en un plano existencial en el que cada día vienen unos y otros se van, como si el mundo fuera un aeropuerto donde es ley de vida que constantemente unos aterricen y otros despeguen.

A través de prácticas introspectivas, como la meditación y la oración, la persona aprende a desapegarse de su cuerpo y a llevar su atención más a su mundo interior, además de desarrollar su fe.

Estas prácticas ayudan a prepararse para cuando llegue el día final en que la propia naturaleza lo separe a uno de forma definitiva del cuerpo.

44

Recargar las pilas

Pregunta/comentario de un buscador
Estoy tan agotado/a que ya ni siquiera dormir me ayuda a recargar mi energía y sentirme bien.

Respuesta de Séneca (carta 56)
Durante la noche no siempre se descansa, ya que los sueños de quienes duermen son tan estresantes como sus vidas. La serenidad auténtica es la que aparece cuando uno logra una conciencia tranquila.

Reflexión psicológica
Cada persona se encuentra en su día a día frente a diferentes batallas o karmas que debe gestionar. Por eso es muy importante saber cómo podemos recargar nuestra energía, nuestra batería interior.

Dependiendo de nuestra personalidad, habrá algunas actividades que nos ayuden más que otras. Eso es algo muy personal sobre lo que debemos reflexionar para descubrirlo.

El sueño no siempre garantiza el descanso, pero la paz interior sí. Debido a ello, muchas personas buscan ayuda en la meditación y otros ejercicios introspectivos para calmar su interior.

¿Cómo recargas tu energía y qué te ayuda más a ti?

45

Despertemos del sueño

Pregunta/comentario de un buscador
No quiero analizar mis defectos ni debilidades porque no quiero dañar la poca autoestima que tengo.

Respuesta de Séneca (carta 53)
¿Por qué nadie reconoce sus defectos? Porque todavía es prisionero de ellos. Del mismo modo que hablar de los propios sueños significa que ya estás despierto, reconocer los propios defectos es el despertar y la salud de la conciencia del alma.

Permanezcamos despiertos y conscientes para poder reconocer nuestros defectos. Pero nada nos despertará como la verdadera filosofía, tan solo ella logrará disipar nuestro profundo sueño. Dedícate y confía en ella. Puedes hacerlo, está hecha para ti.

Reflexión psicológica

El autoconocimiento es una forma de «despertar psicológico». Hace falta madurez y valentía para reconocer las propias luces y sombras. Identificar nuestras sombras nos ayuda a trabajarlas, fortalecernos y ser más humildes.

Por ejemplo, si eres una persona muy emocional, sensible e intuitiva es posible que te cueste más esfuerzo tomar decisiones desde la lógica. Y si eres una persona reflexiva y tranquila, quizá te costará permanecer en un trabajo donde se exige gran rapidez, mucha pasión y un estado continuo de alerta. Cada estilo de personalidad tiene fortalezas y áreas de mejora.

El autoconocimiento puede aliviar la ansiedad. Cuando comprendes mejor cómo eres, puedes mejorar tus relaciones, tomar mejores decisiones, adaptarte mejor a la realidad y crear un estilo de vida que te beneficie.

46

La ambición

Pregunta/comentario de un buscador

Soy ambicioso/a y nunca me siento satisfecho/a, siempre ansío más. ¿Qué opinas de esto?

Respuesta de Séneca (cartas 72, 73)

Atalo utilizaba un ejemplo: «¿Has visto alguna vez cómo un perro atrapa con su boca el trozo de pan o carne que le lanza su dueño? Todo lo que agarra lo engulle rápidamente y se queda ansioso esperando el siguiente trozo. A nosotros nos pasa lo mismo, todo lo que la suerte nos lanza lo engullimos con impaciencia, sin saborearlo, y nos quedamos ansiosos a la espera de lo siguiente que esté por llegar».

Al sabio no le sucede lo mismo: ya que siempre está satisfecho. Si recibe algo lo acoge tranquilamente y lo guarda; él disfruta de la alegría interior, que es duradera, superior e inagotable.

Todo aquel que desea recibir algo se olvida de apreciar lo que ya posee. Y la ambición nunca se agota y es desagradecida porque todos los deseos son iguales, en cuanto uno se cumple ya se genera el siguiente.

Reflexión psicológica

Es difícil saciar los caprichos de nuestra mente.

Desde el punto de vista estoico, la ambición puede cegarnos. Hace que demos por sentado lo que tenemos y nos empuja a correr hacia algo a costa de nuestro tiempo y energía, y a veces incluso de nuestra salud y relaciones personales.

El remedio, según Séneca, es apreciar lo que tenemos y disfrutar de ello. La satisfacción es un estado interior que no depende tanto de los logros externos.

¿Cuál fue la última vez que fuiste ambicioso/a y conseguiste algo? ¿Cuánto tiempo duró tu satisfacción por haberlo conseguido? ¿Qué hiciste después?

47

Dónde encuentras la serenidad

Pregunta/comentario de un buscador

Solo consigo un poco de calma cuando me voy fuera de vacaciones.

Respuesta de Séneca (carta 55)

Incluso en los lugares más animados y alegres me he encontrado a personas tristes; y también he visto a gente que, a pesar de su soledad, sabía cómo entretenerse.

La serenidad no depende del lugar en que te encuentras. No importa dónde estés, ¿por qué no vas con tu imaginación y pensamientos a un lugar tranquilo y elevado?

Reflexión psicológica

Puedes relajarte estés donde estés si puedes calmar tu interior. Utiliza tu imaginación para aprender a ganar serenidad.

Este es un ejemplo de breve visualización que podrías practicar cuando la necesites: imagina ahora que estás en una playa ideal, tal vez en una que conociste y disfrutaste en el pasado. Siente la calidez del sol en tu piel. Escucha el sonido del océano, de las olas que van y vienen. Nota como el cuerpo se hunde en la arena. Date cuenta de cómo te sientes y cómo respiras. Con cada respiración te sientes más relajado/a, más desconectado/a del mundo y con más energía (desarrolla todo lo que se te ocurra para sentirte bien en la playa, para respirar tranquilamente).

Las vacaciones no siempre son una garantía de bienestar. Hay personas que necesitan vacaciones de sus vacaciones. Durante ese tiempo de ocio algunos se pelean con sus seres queridos, otros programan una agenda repleta de actividades con poco descanso, etc.

Utiliza tu imaginación para relajarte un poco cada día y, así, tendrás «vacaciones (interiores) pagadas» para toda la vida.

48

La pérdida

Pregunta/comentario de un buscador

Me da mucho miedo perder mi trabajo, lo que poseo o a mis seres queridos.

Respuesta de Séneca (carta 4)

Forma parte de la naturaleza el hecho de perder antes o después todo lo que poseemos. Podrás disfrutar y valorar mejor lo que te rodea cuando lo aceptes y te mentalices de que nada es para siempre. Incluso el más rico y poderoso puede perderlo todo.

Reflexión psicológica

Aceptar los límites de la vida es aceptar la realidad y nos ayuda a apreciar y a ser más agradecido/as con lo que tenemos en nuestro presente. Apreciar y agradecer es necesario para estar bien. Y si algún día pierdes algo, será más fácil tener la conciencia tranquila.

49

No depende del paso del tiempo

Pregunta/comentario de un buscador

Me preocupa que me estoy haciendo mayor sin haber vivido una buena vida.

Respuesta de Séneca (carta 74)

Los valores o principios no dependen del paso del tiempo. Una vida honesta de cien años es tan buena como una vida honesta de un solo día.

Reflexión psicológica

Séneca resta importancia a cuántos años vives. Si es una vida honrada, si eres una buena persona, aunque sea por un solo día, entonces sí que aprovechaste bien tu tiempo. La calidad es más importante que la cantidad. Nunca es tarde para enmendar los errores del pasado y tener la conciencia tranquila.

¿Qué es una buena vida para ti? ¿Puedes pensar en una cosa que podrías cambiar hoy para acercarte más a la vida que deseas tener?

50

Vivir imitando a los demás

Pregunta/comentario de un buscador
No puedo evitar compararme con los demás, sobre todo cuando veo las redes sociales de otras personas. Los envidio por lo que han conseguido tener en sus vidas.

Respuesta de Séneca (carta 123)
Nos damos cuenta de que muchas cosas son innecesarias cuando ya no las tenemos. No las habíamos disfrutado porque nos hicieran falta, sino por el simple hecho de tenerlas. ¡Y cuántas cosas hemos adquirido tan solo porque los demás, la mayoría, también las tenían! Uno de nuestros errores es que vivimos imitando. En lugar de guiarnos por lo razonable, lo hacemos por la moda.

Reflexión psicológica

Un refrán anglosajón dice: «La hierba del vecino siempre es más verde». Siempre nos parecerá que los demás tienen algo mejor: una vida mejor, un coche más caro, un jardín más grande o un cuerpo más delgado. Esto es un ejemplo de percepción selectiva mal usada. En lugar de enfocarnos en lo que tenemos, nos fijamos en lo que nos falta.

Y eso que en la cultura occidental vivimos con abundancia de cosas materiales de todo tipo, acumulando más y más objetos que luego tiramos o vendemos para poder comprar el siguiente objeto.

Pero si se quemase tu casa, ¿qué cosas echarías realmente en falta? ¿Te acordarías de aquel mantel que compraste a mitad de precio o del colador para ensaladas color verde chillón que te pareció tan mono en la tienda? Probablemente no.

Lo que necesitamos para vivir en términos materiales es poco y prescindir de lo innecesario para poner más orden y espacio en tu hogar puede sumar bienestar mental.

Si quieres compararte menos y estar de buen humor, es mejor dejar de seguir en las redes sociales las vidas de los demás y enfocarte en la tuya.

51

Las personas difíciles

Pregunta/comentario de un buscador

Hoy he tenido la mala suerte de coincidir con una persona mal educada. Me ha sentado muy mal.

Respuesta de Séneca (carta 81)

Te quejas por haber coincidido con una persona desagradecida o desagradable. Pues será que eres alguien muy afortunado si esta es la primera vez que te sucede algo así.

Reflexión psicológica

Aceptar la realidad también es saber que a lo largo de nuestra vida nos encontraremos puntualmente con personas desagradables. Séneca suele recomendar que no lo dramaticemos demasiado, no pensemos que eso es terrible. No es un drama, sino algo normal.

Tu bienestar no depende de los demás. Para ganar serenidad, acepta y gestiona lo que te encuentras por la vida, pero intenta evitar dramas, quejas y obsesiones.

52

El descanso

Pregunta/comentario de un buscador

Estoy demasiado ocupado/a. Nunca tengo tiempo para descansar.

Respuesta de Séneca (carta 3)

¿Acaso para la naturaleza es más importante el día que la noche?

Es tan necesaria la acción como el descanso. Sin equilibrio, ¿cómo esperas sentirte bien?

Reflexión psicológica

Descansar es un ansiolítico natural, gratuito y muy saludable. Cuando nos damos permiso para desconectar, para relajarnos, para no hacer nada, para meditar, pasear, etc., eso tiene tanto valor como estar ocupado/a.

¿Puedes decir que te respetas y sientes amor propio si no te permites descansar con equilibrio?

Si no aprendemos a relajarnos de vez en cuando, será nuestra salud quien sufra las consecuencias.

Séneca nos da permiso para descansar y nos recuerda que es necesario vivir con equilibrio.

53

El ojo que todo lo observa

Pregunta/comentario de un buscador

A veces perjudico a los demás, pero casi nunca se enteran, y pienso: «Ojos que no ven, corazón que no siente». Pero luego me enfado conmigo mismo/a por haberlo hecho.

Respuesta de Séneca (carta 83)

Deberíamos vivir como si siempre nos observasen. Incluso deberíamos pensar como si alguien pudiera ver nuestro interior porque, en realidad, sí que hay alguien que puede hacerlo.

¿De qué sirve ocultar las cosas a los demás? Dios lo ve todo; está presente en nuestra alma y en nuestros pensamientos.

Reflexión psicológica

Necesitamos cuidar de nuestros pensamientos, palabras y acciones para que no nos avergüencen ante ningún observador. Los beneficios de eso son tener la conciencia tranquila, calma y amor propio.

¿Actúas de un modo diferente cuando crees que nadie te ve? ¿Cómo te hace sentirte eso?

54

Una vida con alma

Pregunta/comentario de un buscador
Me preocupa el paso del tiempo. ¿Cómo puedo vivir para sentir que realmente aprovecho la vida?

Respuesta de Séneca (carta 93)
No debemos preocuparnos de vivir mucho tiempo, sino de la calidad del tiempo vivido, ya que vivir mucho tiempo depende del destino. Pero la calidad del tiempo de vida depende de elegir vivir con alma.

Reflexión psicológica
«¿De qué me sirve ganar el mundo entero si a cambio pierdo mi alma?», dice la Biblia. Siguiendo con esa idea, ¿de qué nos sirve una larga vida si vivimos sin corazón, ni bondad, sin calma o sin alma?

¿Qué acciones y decisiones puedes llevar a cabo para asegurarte de que vives con corazón, con calma y «con alma»?

55

Concéntrate en lo útil

Pregunta/comentario de un buscador
Cuando tengo un problema, me vienen tantas cosas a la cabeza que no sé qué hacer.

Respuesta de Séneca (carta 58)
Yo suelo hacer esto: de cualquier pensamiento intento encontrar en qué me puede ser útil.

Reflexión psicológica
Cuando estemos saturados de preocupaciones y pensamientos desagradables podemos plantearnos: ¿este pensamiento que tengo me sirve, es útil o mejor lo cambio por otro? ¿Estoy pensando de un modo en que mis pensamientos me dan fuerzas y ánimo?

Debemos aprender a seleccionar bien qué pensamos y distinguir si cuando lo hacemos nos ayudamos a nosotros/as mismos/as.

Séneca nos aconseja ser prácticos: intenta enfocarte en la utilidad del pensamiento.

56

La alegría inagotable

Pregunta/comentario de un buscador

Los estoicos hablan de aceptar el destino, tomarse las cosas con filosofía, pero yo solo quiero estar tranquilo/a y no estresarme. Y eso también se consigue cuando lo pasas bien, disfrutas de la vida y te das un placer de vez en cuando, ¿no?

Respuesta de Séneca (carta 59)

En el alma del sabio siempre reinan la serenidad y una alegría inagotable. Ese es un buen motivo para buscar la sabiduría.

Esta alegría nace de la conciencia de las propias virtudes: tan solo quien sea valiente, justo y ecuánime podrá disfrutar de ella.

Y entonces te preguntarás: ¿acaso la gente malvada e ignorante no disfruta también? Pues no mucho más de lo que disfrutan los leones cuando han cazado una presa.

Reflexión psicológica

A veces nos ponemos nerviosos/as y buscamos una solución rápida y placentera a un problema, aunque eso nos conduzca a un malestar aún mayor. Ante un problema, Séneca nos anima a analizar bien la situación, tener paciencia y actuar como lo haría un buen ser humano. Con el tiempo tomaremos decisiones más sabias y estaremos más alegres sin la necesidad de recurrir a «parches» placenteros.

En un experimento sobre la postergación del placer inmediato, les dieron a unos niños una chuchería y les dijeron que, si aguantaban cierto tiempo sin comérsela, les darían otra. Algunos niños no aguantaron y se comieron la chuche enseguida. Otros consiguieron acumular muchas chuches, sabían que la paciencia tiene una recompensa.

Y tú, ¿cómo gestionas las «chuches» que la vida te ofrece?

57

La vida no es un cálculo

Pregunta/comentario de un buscador

Soy competitivo/a, ambicioso/a y doy mucha importancia a tener buenos estudios.

Respuesta de Séneca (carta 88)

¿De qué me sirve saber valorar un terreno si luego no sé compartirlo con mi hermano? ¿De qué me sirve poder calcular con exactitud el precio por metro cuadrado de mi casa si luego me pongo de los nervios con mi vecino?

Por un lado, aprendo a calcular y medir todo para no perder ni una parte de lo mío. Pero yo lo que quiero es aprender a perderlo todo con una sonrisa.

Reflexión psicológica

Séneca nos dice que la vida no es solo cálculo, análisis y medición.

Recuerda la importancia del bienestar interior. ¿De qué nos sirve volvernos expertos en una materia si luego en el día a día no sabemos gestionar emociones básicas ni sabemos actuar con bondad y valores?

En nuestros estudios de educación superior no suele dedicarse tiempo suficiente a la gestión emocional, la formación en valores humanos, la psicología práctica ni el asesoramiento filosófico. Tener un título está bien y te puede preparar para un determinado trabajo, pero no te enseñará a tomar decisiones cuando tengas ansiedad, depresión o te enfrentes a los dilemas morales de la vida.

58

No escaparás de ti mismo/a

Pregunta/comentario de un buscador

A veces, cuando tengo ansiedad, viajo a algún lugar, salgo de fiesta o quedo con amigos/as para olvidarme de todo un poco. Pero veo que eso no me ayuda mucho, ¿por qué?

Respuesta de Séneca (carta 28)

Sócrates respondió a una pregunta similar con estas palabras: «¿Por qué te sorprende que no te siente bien viajar si vas contigo mismo a todos sitios? Te angustia el mismo motivo que te animó a desplazarte».

¿Por qué no te consuela ese viaje? Porque hiciste la salida contigo mismo. El alma necesita dejar su carga. Si tu corazón no está bien, ningún lugar será agradable para ti.

Reflexión psicológica

Si tu corazón está mal, estarás mal vayas donde vayas, según Séneca y Sócrates.

Intentar desconectar es muy saludable, pero tratar de huir de los problemas es posponerlos y, en ocasiones, agrandarlos e incrementarlos.

Son muchas las personas que ante una ruptura sentimental no superada, por ejemplo, tratan de conocer rápidamente a otras personas o salir de viaje, pero no logran sentirse mejor. La distracción es un parche temporal que no resuelve los problemas.

Conócete bien, sé paciente y amable contigo mismo/a. Aprende a afrontar las crisis, a relajarte, y estarás bien en cualquier lugar.

59

El mejor compañero

Pregunta/comentario de un buscador

No soporto estar solo/a. Empiezo a pensar demasiado sobre mi vida y me pongo tenso/a, prefiero distraerme o estar con otras personas.

Respuesta de Séneca (carta 58)

Es un placer permanecer con uno mismo todo el tiempo posible si antes hemos logrado ser una compañía agradable para nosotros mismos.

Reflexión psicológica

Existe un concepto denominado «entropía psicológica», el cual indica que cuando la mente está desocupada tiene tendencia al caos y al desorden interno. Ese estado con frecuencia genera ansiedad.

Puede que te haya pasado alguna vez que al estar solo/a y sin hacer nada empezaras a tener pensamientos negativos repetitivos. Esto es debido a que no tienes cierto «orden interior» o no sabes qué hacer.

Por ello es tan importante saber qué actividades te pueden ayudar a ocupar tu tiempo y tu atención de una manera creativa, interesante y beneficiosa. De ese modo, te conviertes a ti mismo/a en tu mejor compañía.

¿Qué puedes hacer la próxima vez que te encuentres a solas pensando cosas desagradables? Dedícale un tiempo y haz una lista con actividades que no dependan de otras personas a fin de recordarlas y ponerlas en práctica.

60

Con un buen guía no te pierdes

Pregunta/comentario de un buscador
Me siento muy perdido/a en la vida. ¿Qué puedo hacer?

Respuesta de Séneca (carta 11)
Epicuro dice: «Imagina que en todo momento tienes ante ti a una buena persona, alguien que te inspira y que observa tu conducta, tus pensamientos y tus palabras. Incluso cuando estás a solas».

Nunca te faltará un buen guía si lo tienes presente.

Reflexión psicológica
¿Te imaginas ir a todos sitios acompañado/a por un/a sabio/a?

¿Cómo modificaría y mejoraría eso tu conducta? ¿Te sentirías perdido/a en su presencia? ¿Qué cambiaría?

Cuando no sepas qué hacer puedes pensar en un modelo ideal, alguien a quien admires, que suele tomar buenas decisiones y que parece tener una buena mentalidad. ¿Qué haría esa persona? ¿Cómo decidiría? ¿Cómo se comportaría en tu situación?

Es muy difícil sentirse perdido/a con un/a buen/a guía.

61

Coge las riendas

Pregunta/comentario de un buscador
Se me va la mano con las compras *online*. Luego me entra ansiedad cuando veo lo que me he gastado. Pero hoy en día es muy fácil dejarse llevar por las ansias consumistas y me resulta inevitable.

Respuesta de Séneca (carta 50)
Nadie reconoce sus defectos, como ser tacaño o lujurioso. Por lo menos, los ciegos buscan un guía. Pero nosotros vamos por el mal camino sin ninguno mientras nos repetimos: «No es que yo sea ambicioso, sino que en esta ciudad no se puede vivir de otro modo. No es que yo sea derrochador, sino que la vida en la ciudad exige grandes gastos. No es culpa mía si no controlo mi rabia, es cosa de la juventud».

¿Por qué nos autoengañamos? La enfermedad no

está fuera de nosotros mismos. Pero si no la reconocemos, no podremos curarnos de ella.

Reflexión psicológica

Hay cosas que dependen de nosotros/as y cosas que no. La vida da muchas vueltas y, a veces, nos encontramos en circunstancias que no elegimos.

Pero eso no quiere decir que podamos «lavarnos las manos» pensando que la responsabilidad es de los demás o de la vida. Perder tu trabajo tal vez no dependa de ti, pero depende de ti qué haces a continuación. Vivir en una época donde con un clic te puedes gastar tu sueldo mensual no depende de ti. Pero tú eliges si caes en esas trampas o si gestionas tu dinero de una manera más inteligente. Las riendas las tienes tú.

62

Prioriza bien

Pregunta/comentario de un buscador
No tengo tiempo para leer, hacer ejercicios de relajación, ni para la espiritualidad. Habrá gente que tenga tiempo para eso, pero mi situación es diferente.

Respuesta de Séneca (carta 53)
Si estuvieses enfermo lo aplazarías todo para recuperar tu salud. ¿Y no piensas que sería bueno hacer lo mismo y cuidar la salud de tu alma en el presente?

Deja a un lado todo lo que te lo impide y dedícate ahora a desarrollar tu interior. La gente que está demasiado ocupada con otras tareas no lo conseguirá.

Reflexión psicológica
La salud mental, el desarrollo personal y el cuidado de nuestro mundo interior están infravalorados.

Muchas personas prefieren dedicar su tiempo y

energía a otros asuntos materiales. Tan solo cuando tocan fondo y se encuentran en una situación extrema se animan a acudir a un profesional de la salud mental.

Siguiendo la metáfora de la enfermedad, empezar tarde a cuidar de la salud mental sería como si un fumador se plantease dejar de fumar cuando sus pulmones ya no pudiesen respirar más. El fumador habría ignorado la tos y todos los otros síntomas y consejos de su entorno que le indicaban que debía cuidar su salud y buscar remedio hasta que su problema hubiese sido prácticamente irreparable.

Por eso, el tiempo libre que tenemos es relativo y depende de nosotros/as: de nuestras prioridades.

Séneca nos aconseja priorizar bien. El desarrollo del espíritu no es poca cosa y requiere tiempo. Todo lo demás ya se ordenará solo. Para lograr una buena vida primero debemos estar bien internamente.

¿Qué acciones puedes llevar a cabo hoy antes de irte a dormir para cuidar de tu mundo interior?

63

Vivir sin propósito

Pregunta/comentario de un buscador
¿Es necesario tener un propósito vital? ¿O es mejor fluir y ver a dónde nos lleva la vida?

Respuesta de Séneca (carta 95)
Vivir sin propósito significa vivir dependiendo del azar. Y si elegimos un propósito, mejor que contenga valores humanos.

Estarás de acuerdo conmigo en que no hay nada tan absurdo como una persona indecisa y dubitativa que siente miedo, ya sea de su pasado, ya sea de lo que le queda por vivir. Y esto nos sucederá continuamente si no nos liberamos antes de todo aquello que aprisiona y detiene a nuestra alma, impidiéndole seguir adelante con su propósito.

Reflexión psicológica

Diseñar nuestro proyecto existencial o definir nuestro propósito nos ayuda a entender qué queremos hacer con nuestra vida, qué nos gustaría conseguir, qué tipo de persona queremos llegar a ser.

Eso nos servirá como brújula para navegar por el azar con dirección y claridad.

¿Qué podrías incluir en el proyecto existencial de tu vida? ¿Qué sueños o metas te gustaría alcanzar? ¿Qué tipo de persona quieres llegar a ser?

64

El alma y la muerte

Pregunta/comentario de un buscador

¿Hay una parte de nosotros/as que sobrevivirá a la muerte?

Respuesta de Séneca (carta 57)

Del mismo modo que cuando se intenta aplastar una llama con algo esta se desliza y escapa alrededor del objeto que la oprime, igualmente sucede con la sutileza del alma. El alma no puede ser aprisionada ni retenida dentro del cuerpo, sino que también escapa de lo que la oprime. Del mismo modo que el rayo truena y alumbra espacios enormes y luego retorna a su origen por un punto diminuto, el alma, que es más sutil que el fuego, también se retira de todos los cuerpos.

Se debe investigar la inmortalidad del alma. Pero si el alma sobrevive al cuerpo, entonces significa que no puede ser afectada por nada. En ese caso, seguro que es inmortal, eterna, y no se la puede dañar físicamente.

Reflexión psicológica

Las explicaciones sobre la inmortalidad del alma de algunos filósofos como Séneca, Marco Aurelio o Sócrates pueden ser terapéuticas, aportar serenidad ante la propia muerte o la de seres queridos y cuando surgen preguntas existenciales.

Con independencia de la religión, espiritualidad o credo, el disponer de una filosofía unificadora que dé sentido a la vida y la muerte siempre es algo que nos ayuda a calmar la ansiedad y la depresión existenciales.

En la vida y la muerte todavía hay muchos misterios que la ciencia actual no logra explicar. ¿Dispones de alguna explicación psicológica, filosófica o espiritual que te ayude a calmar el miedo a la muerte? ¿Has buscado alguna explicación para sentirte mejor con este tema?

65

Los demás no deciden por ti

Pregunta/comentario de un buscador

Me dejo influir demasiado por los demás y eso me genera mucha inseguridad.

Respuesta de Séneca (carta 56)

Si somos conscientes, si ya no damos importancia a lo superficial, nada nos distraerá de nosotros mismos. Los demás ya no perturbarán nuestras convicciones cuando sean maduras y firmes.

Quien tenga una mente débil e influenciable, porque no sabe retirarse en su interior, se perturbará y distraerá con los gritos de la gente y con los golpes del azar en su vida.

Reflexión psicológica

Si quieres tomar una decisión y las opiniones de los demás te hacen dudar y preocuparte, puedes preguntarte: ¿la decisión encaja con mis valores? ¿Es una decisión inteligente a medio y largo plazo? Tu respuesta afirmativa a estas preguntas es un primer paso en la dirección correcta.

Se dice que los perros huelen el miedo y la inseguridad. Con las personas ocurre algo parecido: cuanta más inseguridad muestres, más ganas tendrán de decirte lo que debes hacer.

Escucha las opiniones de tus seres queridos y de la gente en la que confías, pero no dejes que decidan por ti. Es tu vida y tú tendrás que vivir con las consecuencias de lo que hagas.

¿Alguna vez te has dejado influir demasiado por los demás y te has arrepentido luego? ¿Qué aprendiste de ello?

¿Cómo puedes mantenerte firme en tus convicciones?

66

La gratitud

Pregunta/comentario de un buscador
Creo que muchos de mis problemas se solucionarían si fuera rico/a. El dinero hace que la vida sea más fácil.

Respuesta de Séneca (carta 1)
Cuando aprecies y estés contento con lo que tienes ahora, ya no sentirás nunca más que tienes poco.

Reflexión psicológica
Es un error mental convencernos de que cuando tengamos más dinero apreciaremos más la vida y tendremos más paz mental. ¿Acaso no conocemos ejemplos de personas con un alto nivel de vida que padecen depresión y ansiedad y que viven con el miedo continuo a perder sus lujosas posesiones?

Los estoicos nos aconsejan practicar más la gratitud y no autoexigirnos cosas que perturben nuestra paz mental. Una mente centrada en lo que uno tiene y no en lo que le falta será una buena compañía para toda la vida.

¿Alguna vez has escrito un diario de gratitud? Cada día, antes de dormir, apuntas en él qué ha ido bien o qué cosas buenas tienes en tu vida. Verás que también eres una persona afortunada.

Entrenar la mirada apreciativa es algo que relaja. Es gratis y puede hacer que te sientas «rico/a».

67

La vejez

Pregunta/comentario de un buscador
Me da miedo la vejez. Habrá muchas cosas que ya no podré hacer.

Respuesta de Séneca (carta 26)
Solo los vicios y los sentidos que los satisfacen envejecerán con el tiempo: el alma permanece fuerte cuando sabe que no depende del cuerpo y se va liberando de esa carga.

Mi alma está feliz y no cree en la vejez. Ella afirma que está en la flor de su vida, incluso en la tercera edad. Tengamos fe en ella: será para bien.

Pero en el momento en que notes las limitaciones de tu cuerpo, lo mejor será dejar de desear aquello que ya no podrás volver a hacer.

Reflexión psicológica

Cada edad tiene sus cosas buenas y sus limitaciones. Séneca propone que aceptemos la realidad de la vejez, que todo lo que ya no podamos hacer lo consideremos innecesario o indeseable y nos centremos en lo que sí podemos hacer y lo que sigue funcionando: nuestro interior.

A la misma conclusión llegaron ciertos psicólogos y psiquiatras cuando trabajaron con mutilados de guerra. Descubrieron que, tras recuperarse de sus heridas, quienes se concentraban demasiado en lo que ya no podrían volver a hacer se deprimían y su salud mental empeoraba drásticamente, mientras que quienes se enfocaban más en todo lo que sí podrían seguir haciendo a pesar de todo mejoraban su estado de ánimo y eso ayudaba a su salud.

68

Ser coherente

Pregunta/comentario de un buscador
¿Cómo puedo saber si estoy avanzando en mi vida?

Respuesta de Séneca (cartas 35, 45)
Sobre todo, trata de ser coherente contigo mismo. Una forma de ver si has progresado es ir por el buen camino.

Date cuenta de si hoy sigue siendo importante para ti lo mismo que era importante ayer. Así, verás si eres un espíritu dubitativo que cambia a merced del viento. El sabio que avanza sabe permanecer firme en lo que es importante en la vida.

Decide el fin que quieres alcanzar y sigue el camino que te lleve a ello. No dudes ni cambies de un camino a otro, porque hacerlo es no llegar a ningún lado.

Reflexión psicológica

Una vez más, Séneca nos indica que no debemos movernos en la vida según sople el viento, sino que hay que tener muy claras nuestras prioridades y la dirección que estamos eligiendo.

Pero eso no debería ser una fuente de ansiedad. Es normal que no siempre lo tengamos todo claro. Los estoicos simplemente nos aconsejan evitar vagar sin rumbo. El objetivo no es tanto llegar a un destino final, sino ir siempre en la dirección correcta (una vida rica en valores humanos). Y eso ya es avanzar en la vida.

69

La única libertad del ser humano

Pregunta/comentario de un buscador

Mi jefe es un explotador y eso me incomoda mucho.

¿Cómo puedo llevarlo mejor?

Respuesta de Séneca (carta 37)

Hay gente a la que le gusta abusar de los demás. Pero, antes o después, todos serán «despedidos» por la sabiduría, que es la única libertad real en el ser humano. A ella solo se llega siendo razonable.

Aunque los demás no lo sean, tú no dejes de ser racional. Si eres razonable contigo mismo estarás bien con la mayoría de las personas.

Reflexión psicológica

Imagina que tienes un chaleco antibalas y las balas son las críticas y el mal trato de otra persona, por ejemplo, de tu jefe/a. El chaleco te protegerá de todas las «balas» y podrás sentirte bien y seguro/a. Cada mañana te pondrías el chaleco para ir a trabajar, con la misma naturalidad con que te pones un uniforme de trabajo.

Pues Séneca dice que ese chaleco antibalas existe y debe ser creado por ti mismo/a. Todo depende de la actitud adecuada, de cuidar de tu bienestar, de evitar ser irracional, de ser amable contigo mismo/a. Cuanto más fuerte y libre eres por dentro, menos te afectará lo de fuera.

Para crear un buen «chaleco antibalas» y afrontar tu día a día lo mejor que puedas, acude a la filosofía, la espiritualidad y la psicología. Con suerte, puede que algún día tu situación cambie. Pero mientras no puedas evitar afrontar lo desagradable, por lo menos mantendrás tu bienestar interior.

70

El equilibrio de la felicidad

Pregunta/comentario de un buscador
¿Cómo se encuentra la felicidad?

Respuesta de Séneca (carta 74)
La felicidad está en tu interior y radica en el alma, la cual es inalterable y serena. Pero solo se puede alcanzar mediante el equilibrio entre lo mundano y lo espiritual.

Reflexión psicológica
Se dice que los buenos gurús y maestros comparten pocos y sencillos consejos y se dedican a repetir una y otra vez las mismas recomendaciones. No saturan de información a sus alumnos/as y no cambian de opinión.

Séneca, como buen estoico, mentor de Lucilio, escribe una vez más que buscamos fuera lo que en realidad está dentro. La felicidad está en nuestras manos, ya que está en nuestro interior.

Y solo cuando cuidamos de ambas partes (la exterior y la interior) obtenemos un sano equilibrio. Ese equilibrio es como los cimientos de un edificio. Lo más importante es que los cimientos estén bien, que la estructura sea sólida y resistente. Lo demás será seguir levantando pisos.

71

¿Para qué lo haces?

Pregunta/comentario de un buscador

¿Qué pasa con la gente que ayuda a alguien para obtener algo a cambio? No sé quién es bueno realmente y quién es un/a interesado/a.

Respuesta de Séneca (carta 95)

Si alguien ayuda a un enfermo, lo aprecio. Pero si lo hace para heredar su riqueza, entonces es un buitre esperando para devorar el cadáver. Las mismas situaciones pueden ser despreciables o virtuosas. Todo dependerá de la intención o del modo en que se hagan.

Reflexión psicológica

Séneca nos recuerda que no importa solo qué hacemos, sino también para qué. No es lo mismo ayudar a alguien desde la bondad que esperar una recompensa.

En la filosofía estoica la virtud marca la diferencia. Marco Aurelio, por ejemplo, dice que si algo no es coherente con tus valores, no lo hagas. Tú mismo/a debes analizar la situación y decidir qué es lo correcto.

La consecuencia de tus decisiones te afectará a ti, tú debes ocuparte de tener tu conciencia tranquila.

Cuando hagas algo, pregúntate: ¿para qué lo hago? ¿Es bueno para mí y para los demás? ¿Lo haría una persona admirable?

72

Tómate tu medicina

Pregunta/comentario de un buscador

Hay muchas cosas que me dan miedo. He intentado superarlo con relajación y mindfulness, pero no me funciona, porque mi mente sigue agitada.

Respuesta de Séneca (carta 50)

La mente débil y superficial se asusta ante lo desconocido. Por eso, al principio será necesario intentar redirigirla una y otra vez por el buen camino. De entrada, la medicina es amarga, pero cuando da sus frutos y nos cura se vuelve dulce. La filosofía es igualmente dulce y saludable.

Reflexión psicológica

Iniciarte en ejercicios de relajación siempre suma. Al inicio puede ser como llevar zapatos nuevos (los cuales te incomodan las primeras veces). Pero si perseveras, descubrirás que vale la pena cuidar de la salud mental.

Las personas que más necesitan aprender a relajarse suelen ser aquellas a quienes más les cuesta (porque nunca se relajan). Pero todos/as tenemos la habilidad de entrenar nuestra mente y controlar la ansiedad. Como todo en la vida, es cuestión de práctica. No te desanimes, recuerda que la tortuga puede ganar a la liebre. Solo tienes que caminar sin prisa pero sin pausa, y con una dirección clara.

73

Quien no vive para servir...

Pregunta/comentario de un buscador

¿Qué pasa con las personas egoístas que solo viven para sí mismas? A veces parecen más felices y despreocupadas que el resto.

Respuesta de Séneca (carta 48)

No puede ser feliz alguien que solo piensa en sí mismo y solo busca cómo beneficiar a su propia persona. Quien quiera vivir para sí mismo, también deberá vivir para el otro.

Reflexión psicológica

A pesar de que los estoicos predican no dejarnos influir demasiado por los demás y seguir nuestro propio camino, también defienden valores humanos universales como la amistad, la bondad o ayudar a cuantos podamos.

Séneca dice que no es posible ser feliz apartando la mirada de los demás y sus necesidades. La felicidad está relacionada con nuestra virtud.

No vivimos solos/as, somos parte de un todo. La Madre Teresa dijo: «Quien no vive para servir, no sirve para vivir».

74

Nadie sabe más de ti que tú

Pregunta/comentario de un buscador
La gente opina con frecuencia sobre mi vida y me agobia mucho. Se creen que saben mejor que yo lo que debería hacer y cómo debería sentirme.

Respuesta de Séneca (carta 13)
Escúchate a ti mismo. No des demasiada importancia a las palabras de los demás. Atiende a tus propias sensaciones. Nadie puede conocerte mejor que tú mismo.

Reflexión psicológica
El miedo a la crítica, la necesidad obsesiva de reconocimiento y la preocupación por obtener algunos «me gusta» son una fuente actual de ansiedad para muchas personas.

Cuando solo actuamos según el criterio de los demás, perdemos la autenticidad, la espontaneidad, la creatividad y la sinceridad, cualidades que nos hacen humanos. Y podemos llegar hasta el extremo de que ya no sepamos ni qué queremos o qué nos gusta y desarrollemos una crisis de identidad.

Séneca calma esas «ansiedades de origen social» recordándote que nadie sabe más de ti que tú mismo/a.

75

La experiencia

Pregunta/comentario de un buscador
A veces actúo impulsivamente sin pensar y cuando me doy cuenta de lo que he hecho ya es demasiado tarde, ya he metido la pata.

Respuesta de Séneca (carta 68)
Deberíamos haber reflexionado antes para darnos cuenta de que muchas cosas son innecesarias y absurdas. Pero al no haberlo hecho, ahora tendremos que darnos cuenta de ello a través de la experiencia directa.

Reflexión psicológica
Es mejor reflexionar antes de actuar para ahorrarnos un disgusto. En el fondo ya sabemos lo que es bueno y lo que es malo para nosotros/as. Aunque a veces es necesario experimentar primero las cosas para comprenderlas bien.

Dice un refrán: «Sabe más el diablo por viejo que por diablo», lo que viene a decir que si el diablo sabe mucho es por todas las experiencias ya vividas.

¿Cuándo fue la última vez que aprendiste algo gracias a una experiencia personal?

76

La autoexigencia

Pregunta/comentario de un buscador
¿Por qué el ser humano siempre desea más y se estresa tanto por ello?

Respuesta de Séneca (carta 9)
Epicuro dice: «Si piensas que lo que tienes no es suficiente, aunque poseas el mundo entero te sentirás infeliz».

¿Cómo vas a conseguir sentirte bien si siempre te parece mala la situación en la que estás? Lo más importante es cómo te sientes con tu vida no un día, sino habitualmente.

El sabio no sufre por insatisfacción, sino que aprecia lo que tiene.

Reflexión psicológica
Alan Watts, filósofo británico que acercó la filosofía oriental al público occidental, dice que las personas

no sabemos lo que queremos y que eso es debido a dos motivos. Uno es que, en realidad, lo que deseamos ya lo tenemos. El segundo motivo es que no nos conocemos a nosotros/as mismos/as.

Siguiendo en la línea de Watts, si fuésemos más agradecidos/as por lo que tenemos y dedicásemos más tiempo al autoconocimiento, tendríamos más claridad al tomar decisiones y mayor paz interior.

Séneca coincide cuando sugiere que si desarrollamos gratitud por lo que tenemos y nos contentamos con poco, ya no nos exigiremos tanto y sufriremos menos estrés.

¿Qué es lo que deseas tú en la vida en términos de logros o cosas materiales? De 0 a 10, ¿cuánto estrés y ansiedad te produce eso? ¿Cómo podrías estar contento/a sin lograr ese objetivo o esas cosas materiales?

77

La mejor actitud

Pregunta/comentario de un buscador
¿Qué actitud puede ayudarme en la vida?

Respuesta de Séneca (carta 81)
Deberíamos ser lo más agradecidos posible. Es en nuestro propio beneficio. Además, cuando contribuyes al beneficio de otros también te beneficias a ti mismo. Y no lo digo porque nos devuelvan el favor, sino porque el valor de toda virtud está en poder practicarla, en ser virtuosos.

Evitemos entonces ser desagradecidos para no perjudicarnos a nosotros mismos. Y recordemos que al hacer algo malo a los demás, ellos reciben la parte más leve del daño. La peor parte de la maldad siempre queda en su propia casa. A quien realmente daña la maldad es a quien la practica.

Reflexión psicológica

Séneca nos recomienda tener la mentalidad de las personas agradecidas. Esta actitud nos ayudará a tomar los altibajos de la vida con filosofía y optimismo.

Además, nos dice que nuestros actos nos afectan primero a nosotros/as mismos/as y en segundo lugar a los demás. Si hacemos algo malo, quedará el peso en nuestra conciencia. Y cuando alguien nos perjudique sucederá del mismo modo: el mal se quedará sobre todo en su casa (en su interior).

78

No le des más vueltas

Pregunta/comentario de un buscador
A veces me obsesiono con problemas que no tienen solución.

Respuesta de Séneca (carta 49)
¿Por qué te agobias por un problema cuando lo más inteligente es no darle más vueltas, en lugar de tratar de resolverlo?

Reflexión psicológica
Incluso los filósofos, gente reflexiva, nos cuentan que a veces es mejor aceptar que no todo se puede arreglar y que no todas las preguntas tienen una respuesta.

Si al tratar de resolver un problema con todos nuestros esfuerzos no avanzamos, ¿qué sentido tiene seguir dándole vueltas? A veces, el tiempo lo arregla todo.

¿Alguna vez te has enfrentado a un problema que parecía no tener solución, pero que con el paso del tiempo se ha resuelto solo?

79

Cómo vivir una buena vida

Pregunta/comentario de un buscador
¿Si tuvieras un último consejo para darme, cuál sería?

Respuesta de Séneca (carta 123)
Nadie es bueno por azar; la virtud requiere práctica y aprendizaje. Dejarse llevar por el placer es algo inmaduro y poco evolucionado, común en los animales y especies inferiores. El éxito y la fama son cosas pasajeras, que cambian más que el viento. Los recursos económicos no son lo más importante.

La muerte no es algo malo. Es la única ley de vida que nos iguala a todos los seres humanos.

Reflexión psicológica
¿Qué puedes hacer para vivir un poco más según este último consejo de Séneca?

Bibliografía

Burns, D. D. (2006). *Adiós, ansiedad.* Barcelona: Paidós.

Ellis, A. (2016). *Cómo controlar la ansiedad antes de que le controle a usted.* Barcelona: Paidós.

Fromm, E. (2003). *La atracción de la vida.* Barcelona: Paidós.

Marco Aurelio (1985). *Meditaciones.* Madrid: Alianza Editorial.

Rosal, R. (2003). *¿Qué nos humaniza? ¿Qué nos deshumaniza?* Bilbao: Editorial Desclée De Brouwer.

Séneca, L. A. (1915). *Obras escogidas de Séneca.* París: Garnier Hermanos.

— (1929). *Lletres a Lucili.* Barcelona: Tipografía Emporium.

— (1984). *Cartas morales a Lucilio. Volumen I-II.* Barcelona: Ediciones Orbis.

— (1986). *De la cólera.* Madrid: Alianza Editorial.

De este libro me quedo con...

Este libro se terminó de imprimir en los talleres de Gómez Aparicio Grupo Gráfico en mayo de 2024.

Sin ansiedad con Séneca ha sido posible gracias al trabajo de sus autores, Jana Capri y Charan Díaz, así como de la correctora Laura Vaqué, el diseñador José Ruiz-Zarco, el equipo de Realización Planeta, la directora editorial Marcela Serras, la editora ejecutiva Rocío Carmona, la editora Ana Marhuenda, y el equipo comercial, de comunicación y marketing de Diana.

En Diana hacemos libros que fomentan el autoconocimiento e inspiran a los lectores en su propósito de vida. Si esta lectura te ha gustado, te invitamos a que la recomiendes y que así, entre todos, contribuyamos a seguir expandiendo la conciencia.